KB262592

스물아홉,
늦었다고 하기엔
미안 한

스물아홉,
늦었다고 하기엔
미안 한

한설 지음

예담

스물아홉,
너무나 불안하고
나만 제자리인 듯해 힘들겠지.
너무 늦어버린 건 아닌지 초조하고
사랑도 하고 싶지만 쉽지 않고……

이래서 서른보다 두려운 나이가
스물아홉이라고 하는 걸까.

그래도 스물아홉,

불안하지만 빛나는

완벽하지 않기에 어여쁜

아무것도 시작되지 않은

늦었다고 하기엔 미안한 나이.

더 이상은 조급해하지 않아도 돼.

누구에게나 자기만의 스물아홉이 있으니까…….

Contents

우리 삶의 크레바스

민재는 좀처럼 오지 않았다. 연말의 공항은 여행을 떠나는 사람들로 북새통이었다. 지금 발권을 하고 짐을 부쳐도 보안검색에 출국수속까지 마치려면 빠듯할 텐데.

정인은 초조해서 방금 전에 봤던 시계를 다시 확인했다. 민재에게는 전화를 해봐도 "이제 곧 도착한다"는 대답뿐, 배터리 간당간당하니까 자꾸 전화하지 말란다.

원래 약속 시간 기준으로는 한 시간 반이 훌쩍 넘었다. 대체 어떻게 하면 이렇게 늦을 수 있는 것인지 짐작이 가지 않았다. 아침이라면 늦잠을 잤거니 하겠지만. 이러다가 여행은커녕 비행기 구경도 못 해보게 생겼다.

한쪽에 여행가방을 모아놓고 기다리는 수정과 효선은 데면데면 서로 말이 없다. 만나서 한두 마디 인사를 하고는 계속 저 모양이다.

갑자기 '꺅~' 하고 동시다발적인 비명이 들려왔다. 난리가 났다. 여자아이들이 떼로 몰려오고 있었다. 터지는 플래시들.

남자 아이돌 그룹이 해외 스케줄 때문에 출국을 하는 모양이었다. 정인과 두 친구는 재빨리 여행가방을 밀어 커다란 기둥 뒤에 바짝 달라붙었다. 아이돌 그룹 남자애 몇 명이 경호원에 둘러싸인 채 나타나자 그 뒤를 이어 엄청나게 많은 소녀 팬들이 파도처럼 몰려왔다.

난데없는 팬 쓰나미가 쓸고 간 곳에는 넘어진 가방과 모자, 안경, 휴지 따위가 어지럽게 널려 있었다. 가뜩이나 복잡한 연말 공항이 아수라장으로 변해버렸다.

"이게 대체…… 무슨 난리야."

정인은 짜증을 내려다 두 친구를 보고는 뚝 멈췄다. 수정과 효선의 눈은 아이돌 스타보다, 그들을 뒤쫓는 이름 모를 수많은 소녀들에 머물러 있었다. 그녀들에게도 저런 시절이 있었던 것이다.

정인과 수정, 효선, 그리고 아직 도착하지 않은 민재. 이틀 후면 서른이 된다. 이토록 초조한 것은 코앞까지 닥쳐온 서른 때문일까, 아니면 얼마 남지 않은 탑승시간 때문일까. 정인은 다시 민재에게 문자를 보냈다.

대체 언제 오는 거야?

답이 없다. 얼굴이 벌겋게 화가 끓어올랐다. 정인은 두꺼운 패딩을 벗어 여행가방 위에 던지다시피 올려두고는 맞은편 커피숍으로 향했다. 얼음을 듬뿍 넣은 아이스커피라도 마셔야 할 것 같았다. 두 친구의 것까지 주문해놓고 기다리는데, 커피숍 천장에 달린 TV에서 북극 원정으로부터 돌아온 탐험가의 인터뷰가 나왔다.

"위험천만인 크레바스에 빠졌을 때, 제일 먼저 무슨 생각이 들었습니까?"
"저……솔직하게 말해야 되나요?"
탐험가가 앵커의 질문을 받고는 망설였다.
"아무 생각 없이 엄마~! 그랬죠 뭐."

정인은 쿡, 하고 웃음을 터뜨렸다.

"바닥을 가늠할 수 없는 까마득한 크레바스였습니다. 아스라한 절벽 틈 사이로 새어 들어온 한 줄기 빛이 그토록 소중하게 느껴질 수가 없더군요. 그나마 주변을 둘러볼 수 있다는 게 얼마나 다행이던지. 매달려 있는 동안 별별 생각이 다 들더군요. 살아온 날들이 파노라마처럼 스쳐지나가는 거예요."

정인은 소설의 소재를 모아온 평소 습관대로 백팩에서 수첩과 만년필을 꺼내 메모하기 시작했다.

"극지의 빙판을 어떻게 걸어가야 할지 그때 깊이 깨달은 것 같아요. 크레바스에서 빠져나오고 나서 문득 뒤를 돌아봤더니, 그때까지 걸어온 발자국이 길게 나 있더군요. 앞으로 제가 남기게 될 발자국은, 그 전의 발자국들과 어쩐지 달라질 거라는 생각이 들었습니다. 돌이켜보면 그때 크레바스에 빠졌던 경험이 북극원정 성공에 원동력이 된 거예요."

정인은 인터뷰 내용을 메모하고 자기만의 해석을 이렇게 덧붙였다.

삶을 종주하다 보면 누구나 한 번은 크레바스를 만나게 된다.

정인에겐 스물아홉이 그랬다. 정인은 아이스커피가 나오기를 기다리며 여전히 미동 없이 앉아 있는 두 친구를 바라보았다.

둘 다 스물아홉이라는 크레바스를 함께 건너온 동지였다.

정인은 어딘가에서 조바심 내며 오고 있을 민재에게 문자를 보냈다.

민재야, 빨리 왜! 우물쭈물하다 서른 된다.

그들의 스물아홉은 꼬리에 불이 붙은 것처럼 스펙터클했다. 마치 시한부 선고를 받은 것처럼 불안했지만, 한편으로는 그래서 더욱 극적으로 빛을 발한 시간이기도 했다.

시작부터가 그랬다.

스물아홉,
괜찮다고 하기엔
미안한

외면할수록
민낯을 들이미는 스물아홉

정인 – 소설가를 꿈꾸는 출판 편집자

창을 가리고 있던 버티컬블라인드를 한 쪽으로 밀자, 눈이 시릴 정도로 아름다운 자유가 끝모르게 펼쳐졌다. 영하 15도의 추위에 새파랗게 질렸던 한강이 밤새 내린 눈으로 하얗게 뒤덮였다. 눈에 함락된 세상에서, 눈으로 확인할 수 있는 움직이는 존 재는 오로지 그녀 하나뿐이었다.

오피스텔의 창문은 힘을 주어 당겨도 조금밖에 열리지 않았다. 하지 만 그것으로도 충분했다. 인정사정없는 차가운 바람이 그 틈 사이로 파 고들었다. 정인은 춥지 않았다. 자유라는 성분으로 만들어진 반가운 바 람이었다. 물주전자를 올리고 가스레인지를 켰다.

새해 들어 맞이하는 첫 토요일 아침, 느지막한 시간에 일어나 눈 덮 인 한강의 멋진 풍경과 함께 커피를 즐길 수 있는 여자가 대한민국에 몇 명이나 될까. 비록 서울 변두리라지만 엄연히 한강 조망 오피스텔이다. 정인은 가슴이 벅차올라 크게 기지개를 켰다. 어깨와 목에 붙였던 파스를 떼어냈다. 새벽까지 짐정리를 마치고 난 뒤의 훈장이었다.

그녀는 출판사 편집자, 아니 신인 소설가다. 문예지 신인 발굴 프로젝트에 뽑혔다. 다음 달에 그녀의 단편소설이 실린 책이 나올 예정이다. 등단이다. 신춘문예 당선에 비견할 만큼은 아니지만 드디어 소설가의 대열에 합류하게 되는 것이다. 문예창작과 동기들 중에선 등단이 늦은 편이다. 출판사 동료들에게는 아직 얘기하지 않았다. 깜짝 놀라게 해주고픈 욕심도 있지만, 그보다는 티 내지 않고 편집자 일을 계속하겠다는 생각이기도 하다. 3~4년 정도 입지를 다진 뒤에 전업 작가가 되겠다는 계획을 세웠다.

정인은 원두 분쇄기를 집다가, 이사에 정신이 팔려 커피콩을 깜빡했다는 사실을 기억해냈다. 급한 대로 커피 믹스를 꺼내 머그컵에 털어넣고 뜨거운 물을 부었다. 아, 좋다. 이게 바로 행복이구나. 커피 맛을 천천히 음미하는데 휴대폰 벨이 울렸다. 문예지의 담당자였다. 반갑게 인사를 했다.

"안녕하세요. 토요일인데 웬일이에요?"

담당자가 머뭇거렸다.

"아…… 이거 어떻게 말씀을 드려야 할지…….."

암전. 그 다음은 기억이 드문드문 이어진다. 근처 대형서점으로 어떻게 달려갔는지 생각이 나지 않는다. 서점 여직원이 영국 작가의 그 단편모음집을 서가 구석에서 찾아주며 그녀를 이상하다는 듯 쳐다본 것 같다.

통로에 선 채로 문제의 단편을 정신없이 읽어 내려갔던 기억이 난다. 그 와중에 느꼈던 어이없음과 기막힘, 분노 역시 뇌리에 선명하게 남아 있다. 정인은 서점 밖으로 나오자마자 전화를 걸었다.

"설정이 약간 비슷할 뿐인데, 이게 어딜 봐서 표절이라는 거죠? 게다가 저는 이 소설을 읽어본 적도 없는데요."

담당자도 난색을 표했다.

"표절이라고 규정한 건 아니에요. 심사위원 한 분이 문제 제기를 하셨고요. 오늘 아침 일찍 회의를 소집해 게재를 보류하기로 결정했다는 것이죠."

표절인지 확언할 수 없지만 혹시라도 시비에 휘말리는 건 싫으니까 게재 보류라는 얘기 같았다. 정인은 지나가는 사람들의 힐끔거리는 시선을 통해 스스로를 뒤늦게 발견하고 소스라쳤다. 연두색 운동복 상하의에 운동화 차림. 이 추위에, 그것도 맨발로.

그런 자신을 깨달은 순간, 슬픔이 한꺼번에 몰아쳐왔다. 그녀는 울음을 눌러 참으며 오피스텔을 향해 걸었다. 추웠다. 견딜 수 없을 정도로.

하늘에서 다시 눈을 쏟아내기 시작했다. 그냥 눈이 아니었다. 한껏 준비해 놓았다가 조각을 내어 마구 뿌리는 것으로밖에는 보이지 않았다. 버스의 전조등 불빛이 비치는 곳에 솜을 뚝뚝 떼어 던진 듯한 눈덩이들이 불나방처럼 몰려들었다.

토요일과 일요일, 이틀 내내 이불 속에서 꼼짝하지 않고 누워만 있었다. 한 살, 또 한 살 나이 들어가며 성실하게 살아왔다. 그러다가 어느덧 20대의 끝자락에 서서 지나온 삶을 돌이켜보게 되었다. 한 계단, 또 한 계단, 마천루에 오르는 심정으로 소설을 썼다. 신춘문예에 6년 연속 떨어졌고 그 허탈함마저 한 계단씩 오르는 힘으로 축적했다. 그렇게 여밤새 뒤척이다가 맞이한 월요일 아침.

침대 밖으로 나오기도 싫었다. 9시쯤 편집장에게 전화를 걸어 아프다고, 이틀만 휴가를 쓰겠다고 말했다. 하루 종일 이불 속에서 이 생각 저 생각 하다가 저녁 무렵 열불이 나서 벌떡 일어났다. 오피스텔 1층 상가를 돌면서 떡볶이와 양념통닭을 사다가 정신없이 먹었다.

수요일 아침, 출근해서 커피를 타고 있는데 편집장이 그녀를 불렀다.

"정인 씨, 잠깐 얘기 좀 할까? 어머! 얼굴이 왜 그래? 많이 아팠나봐."

뜬금없는 인사이동 통보를, 앉아서 듣기만 했다. 편집 3팀. 자기계발서 만드는 곳이다.

문창과 출신에 소설만 담당해온 편집자한테 무슨 자기계발을? 너는 소설 같은 거 어설프게 흉내 내지 말고 자기계발이나 하라는 뜻인가?

불행은 혼자 오지 않는다더니……. 그녀는 울부짖는 심정으로 스스로에게 물었다. 최정인, 너 어디까지 내려갈 거니?

나이 앞자리 숫자가 2인 마지막 해, 그녀의 스물아홉은 그렇게 시작되었다.

한눈팔지 않고 달려왔기에
더 억울한 스물아홉

수정 - 드라마 작가 수업을 받아온 아르바이터

그녀는 잠시 후 43m 높이에서 뛰어내려야 할 운명이다. 어쩌다 보니 세상의 반대편 끄트머리까지 오게 됐고 까마득한 저 밑으로, 그녀의 자발적 의사에 따라 곤두박질쳐야만 한다. 여기는 뉴질랜드 남섬 퀸즈타운의 카와라우 다리다. 세계 최초로 번지점프가 시작됐다는 곳.

중학교 때였는지, 고등학교 때였는지 확실히는 기억하지 못한다. 영화 〈번지점프를 하다〉를 보다가 훌쩍거리며 울었던 게. 그 마지막 장면을 장식했던 곳에 지금 그녀가 서 있다. 서울에는 70년 만의 폭설이 내렸다는데 여기는 한여름이다.

몇몇 사람들이 그녀더러 '철없다'고 뒷담화하는 것을 알고 있다. 아르바이트로 힘들게 모은 돈을 걸핏하면 외국에 나가 탕진하고 온다고. 하지만 그녀에겐 그녀만의 이유가 있다. 그렇게라도 좋은 일을 만들어야 하기 때문이다.

대학을 졸업하고 방송아카데미에 다니며 작가 수업을 받았다. 하루라도 빨리 드라마 작가로 데뷔하고 싶어서 하루 네 시간 이상 원고를 쓰고 고쳐가며 방송사 공모전 출품작을 준비했다. 하지만 매번 2차 이상 문턱을 넘지 못했다.

스터디를 함께했던 그룹 멤버들은 차례차례 대상 또는 우수작으로 뽑혀 드라마 작가의 길에 들어섰다. 마지막으로 남은 건 그녀와 두 명뿐이었다. 한 멤버가 다른 스터디그룹으로 떠난 데 이어 마지막 동료가 얼마 전, 고향으로 돌아가면서 그녀 혼자만 덩그러니 남게 되었다.

건장한 스태프가 뒤에서 발을 묶어줄 때까지는 그나마 뛰어내릴 용기가 있었다. 하지만 두 발로 콩콩 뛰어서 점프대로 다가간 순간 '오 마이 갓'이 입에서 절로 나왔다.

지금 그녀를 힘들게 하는 것은 알 수 없는 내일이다. 스타트를 끊은 사람들은 더 나은 미래를 설계하며 가슴 설렐 수 있지만, 그녀한테는 그럴 여유가 허용되지 않는다. 아니 그보다 더 힘든 건, 사람들에 대한 실망일 것이다. 스터디를 하며 함께 고생했던 이들이, 공모전에 당선되고 데뷔를 한 뒤로는 밥을 사러 나타났다가, 하나둘씩 슬며시 연락을 끊으며 기억 속의 잔영으로 사라지곤 했다. 몰래 좋아했던 형식 선배마저도 그랬다. 생각해보면 그녀는 늘 혼자였다. 친구 몇을 제외하면 주변에 사람이 있었던 적이 없다.

스태프가 준비가 되었느냐고 묻고는 카운트다운을 시작했다.

"쓰리, 투, 원, 번지!"

'대체 언제 끝나는 거야' 싶을 정도로 오래 떨어졌고, 강물에 거꾸로 처박힐 찰나, 로프의 반동으로 다시 튀어올랐다. 스태프들이 노란 보트에 태워주며 뭐라고 말을 걸어왔지만, 머리에 피가 쏠려 정신이 없는지 제대로 들리지 않았다. 얼떨떨한 성공이었다.

기념 티셔츠와 번지점프 인증서를 선물로 받았다. 성공의 환희는 한 박자 늦게 찾아왔다. 지금까지 50만 명이 넘는 사람이 뛰어내렸다는데 그녀도 그중의 하나가 된 것이다. 50만 분의 1.

그녀는 배낭에서 몰스킨 다이어리를 꺼내어 '스물아홉 버킷리스트' 중 하나를 지웠다. 구름 사이로 햇살이 길게 뻗어나왔다. 장엄한 풍경을 보자 반사적으로 SLR 카메라를 들어 순식간에 스무 컷 이상을 찍었다. 마음에 드는 장면이 두어 컷 정도는 나올 것이란 예감이 들었다. 그녀는 레너드 코헨의 노래 가사를 떠올렸다.

'There is a crack in everything. That's how the light gets in.(모든 것엔 금이 가 있다. 빛은 거기로 들어온다.)'

여행이야말로 그녀 스스로 만들어낼 수 있는 '좋은 일'이다. 여행에서 영감을 얻기도 한다. 낡은 노트북 컴퓨터를 갖고 다니며 피곤한 중에도 아이디어를 정리하고 글을 쓰고 고친다. 이렇게 틈을 만들다 보면 언젠가는 그 틈새로 환한 빛을 맞이할지도 모른다는 기대가 생기기도 한다.

휴대폰이 메시지 알림음을 냈다.

MJ클럽 모임. 다음주 금요일 오후 7시.

사람 사이의 거리를
다시 확인하게 되는 스물아홉

효선 - 마음 쉴 자리를 찾고픈 전업주부

효선은 엄마와 통화 중이었다. 엄마가 휴대폰으로 전화를 걸면 대개는 한 시간이 넘도록 하소연을 한다. 사는 게 어렵다는 얘기다. 안타깝기는 하다. 그러나 듣다 보면 몸의 수분이 다 빠져나간 것마냥 지친다. 엄마와 아빠를 이해하기 어려울 때가 있다. 그래도 엄마 아빠니까 어쩔 수 없다.

헬렌 켈러가 이런 말을 남겼다.

'행복의 한쪽 문이 닫히면 다른 쪽 문이 열리게 된다. 그러나 우리는 흔히 닫힌 문은 너무 오랫동안 보면서 우리를 위해 열려 있는 문은 보지 못한다.'

효선은 힘들게 대기업에 입사해놓고도 빨리 결혼해서 전업주부가 되는 게 소원이었다. 부지런히 남자를 만났으나 그녀가 원하는 자격을 갖춘 사람을 찾을 수 없었다. 3년 전에야 엉뚱한 계기로 만난 남편을 통해 소원을 이뤘고 회사에 사표를 냈다.

약간은 캥거루족의 느낌이지만 그래도 착해서 다행인 남편에, '맞벌이를 할 필요 없으니 살림이나 하라'는 부자 시어머니. 시어머니는 예쁘고 똑똑한 며느리가 말 그대로 똑소리 나는 손주를 낳아 집안의 자랑으로 키워주길 원했다. 안타깝게도, 아직까지 아이 소식은 없다.

효선은 결혼과 함께 회사를 그만두면서 헬렌 켈러의 말을 흉내 내어 친구들에게 자기 입장을 합리화시켰다.

"난 괜찮아. 일이라는 문은 닫혔지만 그 대신 가정이라는 행복의 문이 열렸잖아."

모두 그녀를 부러워했다. 서울에서 집값 비싸기로 유명한 동네, 그것도 남편 명의로 된 아파트에서 신혼을 누리게 된 그녀는 말 그대로 신데렐라였다.

매일 아침 옆동의 시댁으로 출근해 시어머니의 관심과 간섭에 흔들리기도 했지만, 오히려 그게 더 행복할 때도 있다는 것을 시간이 흐르면서 차츰 인식하게 되었다. 시어머니와 함께 있는 시간은, 최소한 엄마의 걱정과 푸념으로부터는 벗어날 수 있으니까.

효선이 남편에게 원했던 '자격'은 엄마로부터 그녀를 숨겨줄 수 있는 조건을 갖추었느냐였다. 엄마가 싫은 것은 아니었다. 다만 엄마와 함께 있으면 지치고 피곤했다. 결혼 전의 그녀는 엄마에게서 필사적으로 도망치고 싶었다. 엄마의 하소연은 한없이 이어졌다. 효선은 귀가 아파서 휴대폰을 반대쪽으로 옮겨 쥐었다. 마음도 아팠다.

"네 아빠랑 내가 요즘 얼마나 힘든 줄 아니? 무슨 고지서는 그렇게 많이 오는지……. 오늘도 아파트 관리실 사람이 와서 그러더라. 밀린

관리비를 이달 말까지 내지 않으면 수돗물을 끊겠다고. 우리가 왜 이런 꼴을 당해야 하는지 모르겠다.”

인터넷뱅킹으로 돈을 부쳐준 지 보름도 안 됐다. 엄마는 밑 빠진 독이다. 아무리 부어도 소용이 없다. 회사 다닐 때 모아두었던 적금도 이제는 탈탈 털었다.

“내가 어떻게든 해볼게. 너무 걱정하지 마.”

효선의 ‘한쪽 문이 닫히면 다른 쪽 문이 열린다’는 좌우명은 아무래도 틀린 것 같았다. 외려 한쪽 문이 닫히고, 이어서 다른 쪽 문까지 닫힌 것은 아닌지 부정적인 생각이 자꾸 들었다. 띵. 휴대폰에서 알림음이 났다. 엄마 기분이 상하지 않게 전화를 끊을 핑계가 떠올랐다.

“엄마, 시어머니인가 봐. 다음에 다시 통화해.”

정인에게서 온 문자였다.

MJ클럽 모임. 다음주 금요일 오후 7시.

모임은 효선에게 소중하다. 그녀가 숨을 수 있는 곳, 걱정에서 벗어날 수 있는 유일한 안식처가 친구들 모임이다.

중학교 동창 사이지만, 어울리게 된 것은 대학교 2학년 때였다. 1학기가 끝날 무렵, 그녀를 아껴주던 남자친구와 헤어졌다. 홀린 것처럼 게시판에 붙어 있던 국토대장정 홍보물을 발견하고 문창과의 정인을 떠올렸다. 중학교 때 옆반이었던 애를 대학에 와서 다시 마주친 정도의 사이. 친하지도 않은 주제에 “같이 가줄 수 있느냐”고 부탁했다.

다섯 명이 한 조가 되어 부산에서 서울까지 20박 21일 동안 발바닥이 엉망이 되어가며 친해졌다. 책과 영화를 좋아한다는 공통점 때문에 그 이후로도 자주 만나면서 일종의 '독서클럽'이 되었다. 소설가로 등단하려는 정인과 드라마 작가 수업 중인 수정이 분위기를 주도했고, 소설 읽기를 좋아하는 효선과 탕웨이(본명은 탁예인-생김새와는 무관하다), 영화를 좋아하는 민재가 잘 어우러졌다.

그러나 탕웨이가 재작년에 결혼을 해서 남편의 새 근무지 상하이로 떠난 이후로는 넷이 모이게 됐다. '독서클럽'은 흐지부지되었고 '맛집 담당' 민재의 주도 하에 'MJ클럽'으로 탈바꿈했다. MJ는 '먹자'의 약자다. 민재는 자기 이름을 딴 것이라고 주장하지만.

그나저나 이제는 적금도 다 털었는데 뭔가 방법이 없을까.

시어머니가 작년에 사준 명품 가방이 눈에 들어왔다. 그걸 들고 거울 앞에 서자, 피곤해 보이는 여자 하나가 그녀를 마주보고 있었다.

어디로 튈지 모르는 공이었다가
덜컥 만난 스물아홉

민재 - 더 나은 세상을 꿈꾸는 공무원시험족

민재는 태국요리 전문점에 들어서자마
자 쇼핑백부터 계산대에 맡겼다. 오늘 잡친 기분을 북돋워줄 '나를 위
한 선물'이었다. 모임을 의식해 며칠 다이어트를 했더니 화장이 잘 먹
지 않았다. 수정이 그걸 한눈에 알아보고 슬쩍 찔렀다.

"민재 너, 굶는 다이어트 했구나. 피부가 좀 그러네."

민재는 대수롭지 않은 투로 말했다.

"피부 나이가 제일 민감한가 봐. 작년하고 느낌이 완전히 틀리더라.
우리가 벌써 스물아홉이라니 억울해."

정인의 직업병이 나왔다.

"그럴 때는 '틀리다'가 아니라 '다르다'야. 피부가 맞거나 틀릴 수는
없잖아. 작년과 느낌이 같거나 다르거나니까 다르다는 표현을 쓰는 게
맞지."

정인은 살이 많이 쪄 있었다. 커버를 해보려고 두꺼운 패딩을 입었는데 그래서 더욱 뭉툭하게 보였다. 머리 손질도 안 되어 있었고, 뭔가 이상해서 다시 보니 눈썹도 짝짝이로 그렸다. 민재는 눈썹 얘기를 해줄까 하다가 입을 다물었다.

사실 민재의 나이는 스물여덟이다. 1년 일찍 입학하는 바람에 한 살 혹은 두 살 많은 언니들과 스스럼없는 친구로 지내왔다.

MJ클럽에선 민재의 키가 가장 크다. 175cm니까 제일 작은 정인의 157cm에 비해 거의 20cm 정도 크다. 클럽의 비주얼 담당은 단연 효선이다. 원래도 예쁜데 시어머니가 압구정동 성형외과와 피부과에 데리고 다녀서 연예인 뺨치게 예쁘다. 늘씬하고 몸매까지 좋으니 모임 때마다 남자들의 시선을 끌어모은다.

착한 효선이 화제를 불리하지 않은 쪽으로 돌려주었다.

"민재, 오늘 그 인터넷 논객 만난다고 했었지? 어땠어?"

얘기하자면 스토리가 길다. '군대 안 가고 애도 안 낳는 여자들한테는 특별세를 부과해야 한다'는 원로 정치인의 성차별 발언과 떨떠름한 사과 때문에 여론이 들끓었고, 인터넷에 '국회 앞 1인 시위 퍼레이드를 하자'는 제안이 나왔다. 민재는 강추위 속에서 빨간 미니 원피스 차림으로 피켓을 들었다. 그 사진이 인터넷으로 퍼지는 바람에 유명 인사가 되었다. 물론 유명세는 이틀도 가지 못하고 묻혀버렸다. 개념 있는 여자 연예인들이 줄지어 동참했기 때문이었다. 하지만 민재에겐 뜻밖의 소득이 있었다. 동경해왔던 인터넷 논객과 트위터에서 멘션을 주고받으며 친해진 것이다.

"말도 마. 나이는 우리 또래라던데 하는 짓은 아저씨더라. 빨리 사무실 들어가서 키보드나 두드리라고 말하고 싶은 걸 간신히 참았어.”

그 사람 회사 근처라는 종로에서 만나 점심을 같이 먹기로 했다. 민재가 인사동 방향을 가리키며 저쪽이 어떠냐고 묻자 “인사동은 뭐든 다 비싼데……”라며 우물쭈물하던 남자가 자기 마음대로 ‘닭한마리 집’으로 들어갔다. 자욱한 담배연기 속에 대낮부터 취한 아저씨들이 우글거리는 곳이었다. 수정이 토를 달았다.

“그 사람, 널 보러 나온 게 아니라 닭 먹으러 나온 거네.”

그 말까지 들으니 더 화가 났다. 명동의 백화점을 순례하며 기분전환 쇼핑을 했던 게 약발이 떨어지고 말았다. 민재가 한마디 해주려는데 음식점 직원이 그것마저 도와주지 않았다. 돼지껍질을 바삭하게 튀긴 안주와 맥주를 내온 것이다.

수정이 커다란 디지털 SLR 카메라를 접시에 바짝 들이대고 사진을 찍었다. 촬영이 끝나길 기다려 건배를 하고 한 모금. 정인이 식당의 벽면을 가득 채운 손님들의 포스트잇을 보면서 옛 추억을 끄집어냈다.

“우리 중학교 때 생각나니? 애들이 점심 시간에 학교 뒷문으로 몰래 갔던 할머니 분식집 말이야. 거기 벽도 새까만 낙서투성이였잖아. 백마녀 어쩌구 하는 낙서…….”

민재는 맞장구를 쳐주었다.

“당근 기억나지. 나도 거기 낙서를 했었는데. 아마 지금도 있을 거야. ‘백마녀처럼 서른이 되느니 차라리 자살하겠다’는 거였어.”

아이들 사이에 그 말이 유행이었다. 백마녀는 민재의 중2 때 담임이었던 국어교사였다. 성씨(흰 白)와는 달리 늘 치렁치렁한 어두운 색깔의 옷을 입고 있어서 마녀라는 별명이 붙었다. 서른이 우울했는지 자주 히

스테리를 부리곤 했다.

급하게 마셔 얼굴이 빨갛게 변한 정인이 손뼉을 치면서 떠들었다.

"맞아! 맞아! 내가 이번에 가게 된 편집 3팀 편집장을 볼 때마다 어디선가 본 얼굴이더라고. 생각해보니까 백마녀더라. 나이는 서른일곱인데 생긴 것도 그렇고 목소리까지 완전히 똑같아!"

그때 민재에게, 서른이라고 하면 막막했다. 그래도 윤곽은 갖고 있었다. 회사에서는 세련된 여성 팀장 정도, 집에선 착실한 주부, 아담한 아파트와 중형 자동차 한 대. 서른쯤이면 그런 환경 속에서 안정적으로 살아갈 것이라고 믿었다.

그런데 벌써 스물아홉 언저리. 여중생 때 '백마녀처럼 서른이 되지는 않을 거야'라며 바랐던 것 가운데 무엇 하나 이뤄낸 것이 없다. 어학연수 다녀와서 인턴에 5학년까지 다녔지만 취업에 번번이 실패했고, 아빠가 넣어준 친구 분 회사에 출근하다가 그것도 관두었다.

대안으로 선택한 게 공무원시험 준비였다. '뭔가를 하고 있다'며 내세울 것도 필요했고 공무원이 인기라니까 도전해보고 싶기도 했다. 교재를 구입해 인터넷 강의를 몇 번 들었다. 하지만 따분하고 머리에 들어오지 않아 시늉만 내고 있다. 이것 역시 아닌 것 같다.

이러다 영락없이 백마녀처럼 될 거라는 불안감이 순식간에 민재에게 육박해 들어왔다.

"다들 오랜만이야. 깍두기 멤버 주제에 늦기까지 해서 미안해."

미영 언니가 인사를 하며 들어왔다. 언니는 정인과 효선의 대학 선배로, 홍보대행사 사장이다. 홍보를 맡은 고객사 사장이 정인네 출판사

에서 에세이를 출간한 것을 계기로 정인과 만났는데, 그 인연으로 MJ
클럽에 밥을 사주러 왔다가 멤버들 모두의 언니가 되었다.
쌍꺼풀 없는 동양형 미인에다 찰랑찰랑 머릿결이 잘 어울리는 미영
은 키가 크고 세련된 남자와 함께였다.

불안감이 최고조에 이르는
스물아홉

"내 클라이언트 이주영 이사야. 온라인 게임회사 창립 멤버고……. 너희도 그냥 알렉스라고 부르면 되겠다. 교포거든. 우리 말 나보다 더 잘하는 교포."

알렉스가 미영의 의자를 뒤로 빼주었다. '와~' 하면서 놀리는 아이들. 미영이 1년 남짓 지켜봐온 알렉스는 서른세 살의 다정다감한 싱글이다. 미영은 알렉스와 아이들이 인사를 나누고 어울리는 모습을 말없이 지켜보았다. 푸팟퐁커리가 나왔다. 살짝 볶은 작은 게와 채소에 태국식 커리 소스를 잘 버무린 요리다. 게는 통째로 씹어 먹어도 될 만큼 연했다. 민재가 건배를 하다가 젓가락을 떨어뜨리자 알렉스가 벌떡 일어나 새로 갖다주었다. 이번에도 다른 아이들이 '와~' 하며 놀렸다.

시끌벅적 생기 넘치는 민재와 정인을 보다가 생각이 났다. 그러고 보니 애들, 올해 스물아홉이다. 스물아홉이라…….

한국은 나이에 지나칠 정도로 민감한 사회다. 특히 여자 나이가 주요 타깃이 되는 경우가 많다. 서른아홉에도 여전히 사람들 틈에서 압박에 시달리는 미영으로선, 아이들이 10년 전의 자신 같아서 더욱 예쁘고 가엽게 느껴진다. 알렉스를 데리고 나온 이유는 뻔했다. '괜찮은 남자니까 셋 중 하나랑 잘 됐으면' 하는 기대에서다.

"넌 화도 안 나니? 국회의원이라는 사람이 그런 막말을 하는데? 너, 의식 있는 앤 줄 알았는데 실망이야."

"나, 의식 없어. 혼수상태야. 며칠 시끄럽다 끝날 일이었잖아. 너야말로 튀어보고 싶어서 빨간 미니 원피스 시위한 것 아니었어? 키가 커서 사진발은 잘 받더라. 선글라스도 잘 어울렸고."

민재와 수정이 말다툼을 시작했다. 둘 다 알렉스를 의식했는지 말을 또박또박 끊는 게 느껴졌다. 또 저런다. 작년에도 저 둘이 감정다툼을 벌이다가 모임 분위기가 좋지 않았던 적이 있다. 미영은 둘이 티격태격할 때면 아이를 물가에 내놓은 엄마처럼 불안을 느낀다. 다시 외로워지는 건 싫은데.

미영에겐 이렇게 편하게 어울릴 수 있는 다른 모임이 없다. 옛날 친구들 모임에는 언제 가봤는지 기억이 나지 않는다. 화해를 하고 다시 만나봐야 남편 자랑 아니면 애 키우는 얘기뿐일 테니 공감도 되지 않고, 듣기 싫은 질문이 나오기라도 하면 기분만 잡칠 것이다.

수정 옆에 앉은 정인은 만년필과 수첩을 꺼내 열심히 적고 있다. 정인의 분위기가 한 달 사이에 많이 바뀌어 있었다. 관리가 제대로 되지 않는, 일테면 '될 대로 되라' 스타일로 보였다. 만년필은 정인의 작년 생일에 미영이 좋은 글 쓰라며 선물한 것이다.

수정이 민재에게 한마디 더 했다.

"네가 정인이처럼 촛불시위에 동참하고 시민단체 회원 가입해서 회비를 내고 있어? 아니면 효선이처럼 어린이재단을 통해 어려운 애들 후원을 해? 너는 그냥 겉멋으로 그러는 거잖아?"

민재가 발끈했다.

"아니거든! 내가 이제부터 진짜로 보여주면 어떡할 거야?"

미영 자신도 그렇지만 아이들도 올해 아홉수다. 확실한 근거는 없지만 이 수가 들면 운이 좋지 않다는 얘기가 많다.

매 아홉에는 무엇인가 고비를 겪을 수밖에 없도록 우리 사회의 사이클이 맞춰져 있는 측면도 있다. 대부분이 열아홉에 대학 입시를 치르고 스물아홉을 전후해서는 취업을 하거나 결혼생활을 시작한다. 서른아홉 부근에선 치열한 승진경쟁이 벌어져 향후 임원이 될 사람과 그냥 퇴직할 사람이 사실상 판가름 난다. 마흔아홉에 이르면 제2의 인생을 시작해야 할 즈음이다.

그중에서도 스물아홉은 힘든 나이다. 20대의 방황과 이별하고 30대의 안정을 맞이하고 싶지만 이뤄놓은 것은 없고, 이렇게 계속 살아가는 것이 괜찮은지 의심이 드는 가운데, 새로운 뭔가를 해볼 엄두는 나지 않으며, 사랑을 하고 싶지만 마음에 드는 인연을 좀처럼 찾을 수 없어 이러다 서른을 맞이하게 되는 건 아닌지 전전긍긍하는……. 한마디로 압축하자면 '불안감이 최고조에 이르는 시기'다.

미영의 스물아홉은 특히 험난했다. 첨예한 대립 속에서 '불행 병균'으로 단정 지은 것들과 맞서느라 1년을 마치 10년처럼 보내야만 했다.

지옥 같은 스물아홉이 하루빨리 지나가기를 빌 뿐이었다.

알렉스가 요령 좋게 분위기를 바꿔놓았는지 수정과 민재가 까르르 웃음을 터뜨렸다. 효선은 딴생각에 빠져 있는지 표정이 없었다. 정인이 맥주잔을 금세 비우고는 미영에게 말을 걸어왔다.

"언니, 상의드릴 게 있는데요."

미영은 '회사를 옮겨야 할지 모르겠다'는 정인의 얘기를 들으며 말을 아꼈다. 하고 싶은 일을 마음껏 하고픈 게 사람 심리고, 좋아하는 일만 하면서 살아갈 수는 없다는 게 세상 이치다.

미영이 광고회사에 다니던 시절, 힘들 때마다 찾아가던 선배가 있었다. 그가 뾰족한 해결책을 제시해주는 것도 아니었는데 마음이 답답하면 걸음이 자동으로 선배에게 향했다.

미영은 시간이 흐른 뒤에야 왜 그랬는지 이해하게 되었다. 선배와 떠들면서 '나 혼자만 힘든 게 아니구나' 하는 느낌을 받았고 그 훈훈함으로 어려움을 견뎌냈던 것이다. 정말로, 죽을 것처럼 힘이 들 때, 가장 힘을 주는 말은 '힘 내'보다 '나도 그래'라는 공감이었다.

미영은 정인의 얘기가 끝나기를 기다려 이렇게 말했다.

"솔직히 나도 모르겠어. 하지만 난 네가 어떤 결정을 내리든 너의 편이야."

선배가 미영에게 했던 말이었다.

인생에는 스스로 결정해야만 하는 문제들이 있다. 고통스럽지만 직접 부딪혀가면서 수많은 시행착오를 통해 손수 해결해야만 하는 것들. 그것은 우리가 성숙하기 위해 마땅히 치러야 하는 대가이기도 하다. 미영의 경우, 스물아홉에 그런 문제들과 정면 충돌했고 어른이 되었다.

계산서를 보고는 수정이 한마디 하려 했다.

"민재 쟤는 왜 이렇게 비싼 데를 예약해가지고……."

미영이 말을 잘랐다.

"괜찮아. 내가 낼게."

술 취한 민재가 어떤 남자의 팔짱을 끼고 가려는 걸 정인이 불렀다.

"민재, 어디 가니?"

민재가 뒤돌아 알렉스를 발견하고는, 번갈아 보다가 그 남자에게 물었다.

"어! 누구세요?"

오늘 만나서 친해진 알렉스인 줄 알았던 것이다. 수정이 배를 잡고 웃다가 말했다.

"이거야말로 민재적(문제적) 상황이 아닐 수 없네. 저러니까 쟤를 미워할 수가 없다니까."

2월
스물아홉
병

마음 상처에 바르는
빨간약처럼

정인은 엄마와 함께 나타난 아빠를 보고 깜짝 놀랐다. 엄마가 미니 냉장고에 김치와 반찬을 정리해 넣는 사이, 아빠는 비좁은 오피스텔을 신기하다는 표정으로 둘러보았다. 안쓰럽다는 눈빛이었다.

"에그, 이것 좀 봐. 계집애, 청소 좀 하고 살지. 이게 뭐야!"

팔을 걷어붙이고 청소를 해주려는 엄마를, 정인이 "그만! 오늘은 끝!" 하고 외치며 밖으로 밀어냈다. 함께 저녁을 먹기로 했다.

독립만 하면, 무한의 자유와 멋진 신세계가 펼쳐질 줄 알았다. TV 드라마의 주인공들처럼 시크하게 꾸며놓은 오피스텔 생활까지는 바라지 않았지만, 그래도 최소한의 격조와 품위는 유지할 수 있을 거라고 믿었다.

"혼자 살아보니까 어때? 속이 시원해?"

엘리베이터에서 엄마가 물었다. 정인보다는, 독립을 지지해준 아빠를 향한 힐난 같았다. '나만의 삶'이라는 건 '모든 게 나의 책임'이라는 말과 동의어였다. 처음 며칠은 아침저녁으로 청소를 하고 열심히 빨래를 했다. 그러다가 시들해져서 하루 이틀 그냥 넘기다 보니 가뜩이나 좁은 공간이 엉망이 되었다.

깨끗한 방과 가지런히 정리된 옷들은 자동으로 그렇게 되는 게 아니었다. 그걸 당연한 것으로 생각했던 스스로가 한심했고, 엄마에게는 약간 미안했다. 누구나 그렇다. 보살핌의 의미를 모른 채 책임감 없는 어른이 일단은 되고 본다. 그런 다음, 독립해서 직접 해야만 하는 입장이 되어 그게 얼마나 쓰고 신맛인지를 비로소 절감하게 된다.

"점심은 정말 먹은 거냐?"

아빠가 잘 익은 갈비를 정인의 접시에 놓아주었다.

"어제 회사 회식 때도 소고기 먹었어요."

정인이 접시째 들어 아빠 앞에 돌려놓았다. 엄마가 혀를 차면서 한마디 했다.

"너, 얼굴이 푸석푸석해. 그러게 왜 집 나가서 고생인지……."

아빠는 원체 말수가 적지만 엄마 역시 아빠에게 웬만해서는 말을 하지 않는다. 무엇이 원인이고 무엇이 결과인지 애매하다. 엄마 아빠의 사이가 좋지 않아서 가족이 2대 2로 편가르기를 하게 된 것인지, 아니면 엄마가 언니만 싸고돈 결과, 아빠가 정인을 불쌍히 여겨 편을 가르게 된 것인지 알 수 없다.

특출한 언니를, 엄마는 거리낌 없이 편애했다. 언니는 효선보다 예쁜 얼굴에 민재의 늘씬한 키, 거기다 슈퍼우먼의 능력까지 겸비했다. 항상 전교 1등에 학생회장, 남자애들이 줄줄 따라다니니까 엄마로선 그런 자랑거리가 없었을 것이다.

정인은 백 번을 다시 태어나도 언니를 넘어설 수 없을 거라는 사실을 초등학교 때 이미 알았다. 그때 정인에겐 이름도 없었다. '세인이 동생'이었다. 친척들 사이에서도 그렇게 통했다, 응달에서 자라며 엄마에게 구박받던 '세인이 동생'을 품어준 게 아빠였다.

정인은 계산대에서 아빠를 막고 자기 신용카드를 내밀었다. 20만 원 가까이 나왔지만 아깝지 않았다. 아빠 딸이 이 정도 능력을 갖게 됐음을 꼭 보여드리고 싶었다. 아빠가 가전용품 쇼핑몰로 정인을 데려갔다.

"이 중에서 제일 예쁘고 성능도 좋은 걸로 고르자. 소설가 등단 선물을 미리 사주는 거야."

아빠는 펄펄 뛰는 엄마의 반대를 무릅쓰고 가장 가벼운 최신형 노트북 컴퓨터를 사주었다. 아빠한테만 문예지 해프닝을 말씀드렸었다.

"내 딸, 너무 일만 하지 말고……. 끼니도 꼭 챙겨먹어야 돼?"

✳✳✳✳

수정은 마음 같아서는 채널을 돌리고 싶었다.

"너는 나한테 신경 쓰지 않아도 돼! 널 볼 때마다 내가 아무리 아파도 너한테는 신음 소리 한 번 낼 일이 없을 테니까."

TV 속의 꽃미남이 여자 주인공의 양 어깨를 붙잡고 외쳤다. 다른 사람을 사랑하는 여자, 하지만 그녀를 지켜보는 희생적인 사랑을 하겠다고 다짐하는 꽃미남……. 엄마는 한복 단작 노리개를 만들던 손을 멈추고 TV 화면에서 눈을 떼지 못했다. 수정은 짜증을 냈다.

"엄마는 저게 말이 된다고 생각해? 여중생 수준의 대사를 치고 있네."

엄마는 대답 대신 TV 쪽으로 바짝 다가앉았다. 마치 수정에게 경고를 하는 것 같았다.

'한마디만 더 하면 화면 속으로 들어가버린다.'

그런데 묘하게 꽃미남이 민재를 많이 닮았다. 훤칠한 키와 좁은 어깨가 그랬고, 얼굴이 길고 약간 주걱턱인 것도 그랬다. 수정은 억지스러운 대사를 아이돌 출신 꽃미남에게 떠맡긴 드라마 작가에게 욕을 퍼부어주었다. 그러다가 깨달았다. 자기 할 일은 팽개친 채, 고급 시청자 놀이에 빠져 있는 스스로가 더 한심스러웠던 것이다. 언젠가는 미국의 〈하우스 오브 카드House of Cards〉 시리즈 같은 정치 드라마 대본을 써보겠다는 욕심을 부린 적도 있었는데…….

그녀는 한동안 마음을 앓았다. 스스로에게서 해답을 찾고 싶어 충동적으로 여행을 떠났던 것 같다. 보름 동안 캄보디아와 베트남, 호주를 거쳐 뉴질랜드까지 다녀왔다. 비행기와 기차, 버스 안에서 그 무엇도 아닌 그녀 자신에 대해 생각을 했다.

그렇게 떠돌면서 올해가 가기 전에 반드시 해야 할 '스물아홉의 버킷리스트'를 만들었다. 그 첫 번째, 카와라우 번지점프에는 이미 붉은 줄을 그었다.

"수정아, 외고 등록금이 얼마나 되는지 아니? 정훈이가 무슨 외고에 붙었다던데……. 돈이 많이 들지 않을까?"

TV 화면에 나온 교복을 보고 생각이 났을 게다. 엄마의 말이 수정의 속을 뒤집어놓았다. 오지랖하고는……. 고운 말이 나갈 수 없었다.

"엄마가 아예 그 애 진짜 엄마도 하지 그래? 학비도 다 대주고 키워서 결혼도 시키고 말이야. 우리 아들 똑똑하다고 자랑도 하고."

엄마의 표정이 딱딱하게 변했다.

"너는 무슨 말을 그렇게 하니? 꼭 그렇게 말해야겠어?"

수정은 정훈이라는 애를 실제로 본 적은 없다. 그러나 동사무소에서 서류를 뗄 때마다 이름으로 만나는 것을 피할 수 없다. 띠동갑 동생이다. 엄마가 다른.

어색한 침묵이 엄마와 딸 사이에 두터운 공기층을 만들어놓았다. 엄마의 손이 다시 움직여 단작 노리개를 만들기 시작했다. 수정의 기억을 한계까지 거슬러 올라가도, 역시 엄마는 한복집을 하고 있었다.

기억에는 아버지라는 존재도 띄엄띄엄 조연으로 등장한다. 그는 수정의 기억 속에서 웬만하면 부재중이었다. 두 집 살림에, 여러 여자들과 어울리느라 허구한 날 바빴을 것이다.

수정의 방에서 휴대폰 메시지 수신음이 울렸다. 친구들인가? 화면에 떠 있는 이름을 확인하고 그녀의 가슴이 쿵 하고 내려앉았다.

형식 선배였다.

스물아홉 병 증상

민재는 늦잠을 자고 내려와 엄마가 쪄 놓은 고구마를 반 잘라서 두유와 함께 먹었다.

"너, 또 반만 남겨놨구나. 그렇게 먹으면 복 달아난다니까!"

엄마의 잔소리가 어김없이 달라붙었다. 기분이 별로인 날에는 음식을 자꾸 헤집어놓게 된다. 빵을 먹어도 반만 잘라서 먹고, 때로는 귤도 까놓고 몇 조각만 먹고 만다.

민재는 스스로가 바람에 날리는 깃발처럼 '분위기에 약한 존재'라고 생각한다. 바람이 향하는 쪽으로 정직하게 쏠린다. 그래서 친구들에게 만만하게 여겨지는 것 같다. 키만 껑충 컸지 하는 짓은 아이 같아서.

그래도 집안에선 가장 강한 존재다. 특히 아빠한테는. 이틀만 입을 다물면 아빠가 딸의 침묵 시위를 참아내지 못한다. 친구들한테도 호락호락하게 보이지 않으려고 인터넷 게시판에서 읽은 새로운 이슈에 대해 알려주고 SNS로 퍼나르며 관심을 호소해본다. 그러나 돌아오는 건 무관심밖에 없다. 무시당하는 것 같아서 기분 나쁘다. 친구들 코를 납작하게 만들어줄 뭔가 확실한 것을 준비해봐야겠다는 생각이 들었다.

귤을 먹으며 태블릿을 보니까 중국에 있는 자칭 탕웨이한테서 이메일이 와 있었다.

모두들 안녕.

이 언니가, 오늘로 에누리 없는 스물아홉이 됐어.(효선이만 축하 메일 보냈더라. 나쁜 것들! 두고 보자. ㅋㅋㅋ 농담.) 왜 이렇게 기분이 썰렁한지 모르겠어. 너희들을 못 만나서 더 그럴 수도 있겠다. 그치?

전 직장 동기들은 연말에 대리로 승진했다고 하고, 친한 후배는 MBA 학위를 땄다고…… 다들 뭔가를 이뤄가는 것 같은데 나만 계속 똑같은 자리에서 맴돌고 있는 것 같아.

서른이 되기 전에 성공까지는 몰라도 인생의 좌표에 작은 점이라도 찍어야 할 것 같은데, 나 이대로 괜찮은 것인지 정말 모르겠어. 그렇다고 뭔가를 새로 시작하기에는 늦어버린 것 같기도 하고.

예전에는 결혼을 해서 애를 낳으면 안정된다는 얘기를 하는 사람도 있었어. 그런데 내가 애 낳아 키우면서 겪어보니까 그 사람이 옆에 있으면 한 대 때려주고 싶더라.

왜 이렇게 초조한 마음이 드는 것일까. 이래서 서른보다 두려운 나이가 스물아홉이라고 하는 것일까.

모르겠어. 이런 상태로 서른을 맞이하게 될까 봐 두려운 것인지, 아니면 서른을 앞두고 미리 마음의 몸살을 앓는 것인지.

'스물아홉 병'이라는 말이 있네. 증상을 보니까 나도 해당사항이 꽤 있더라.
너희들은 어떤지 읽어봐.

〈스물아홉 병 증상〉

– 스스로를 돌아보며 혼란에 빠진다. 원하는 게 무엇인지 알 수 없을 때가 많고 일상에서 의

  미를 찾아내지 못한다. 뜬금없는 생각 끝에 불안에 빠지는 경우가 많다.

– 무언가가 부족하다는 생각이 자주 든다. 결핍을 해소하기 위해 노력하지만 허탈감에서 벗

  어나지 못한다.

– 되풀이되는 일상에 염증을 느끼고 회사를 그만두고 싶은 충동에 빠진다.

– 배낭여행이나 워킹홀리데이 같은 모험을 감행하고 싶어진다.

– 친구들과 수다를 떨다가도 돌연 세상에 혼자 남겨진 듯한 외로움에 휩싸인다.

– 감정이 급변한다. 자주 웃고 자주 운다.

– 사람들의 말에 민감하게 반응해 대인관계에 어려움을 겪는 일이 늘어난다. 친구와도 사소

  한 이유로 다툰다.

– 지난 일을 자꾸 떠올려 후회하고, 그러면서도 무리한 일을 저지르고 또 후회한다.

＊＊＊＊

"네? 뭐라고요?"

수정은 통화를 하면서 몇 번이나 되묻고 확인을 해야 했다. 전화를 끊고 나서야 가슴속에서 쿵쿵 고동을 치는 소리가 너무 커서 제대로 들을 수 없었다는 것을 깨달았다.

형식 선배는 수정의 스터디팀에 뒤늦게 합류한 늦깎이 작가 지망생

이었다. 안정적인 직업을 원하는 어머니 때문에 은행에 다니면서도 짬을 내어 공부를 하고 대본을 썼다. 그럼에도 재작년 공모전에서 최우수상을 차지해 드라마 작가 지망생 커뮤니티를 떠들썩하게 만든 장본인이 되었다.

형식 선배의 입상은 스터디팀 해체의 뇌관이 되기도 했다. 나머지 멤버들은 충격에 머리가 멍해졌다. 누구는 야근을 밥 먹듯 하면서도 공모전에 입상했는데, 수년간 대본작업에만 매달리고도 2차 심사조차 통과하지 못했으니 허탈하지 않을 수 없었다. 스터디팀은 작년 내내 겉돌다가 결국 해체의 수순을 밟게 됐다. 형식 선배를 은근히 좋아했던 수정으로선 그를 만날 공식적인 기회가 사라져버렸다는 점이 더욱 안타까웠다.

선배는 은행을 그만두고 한동안 톱클래스 작가 밑에서 보조 작가로 수업을 받았다. 작년 초에는 설특집 드라마의 대본을 맡기도 했다. 설특집은 '보기 드문 수작'이라는 호평을 받아 여기저기 기사가 실렸다. 수정은 그즈음 선배에게 축하를 빌미로 전화를 걸어봤지만 '바쁘니까 나중에 걸겠다'는 대답을 들었다. 그랬던 형식 선배가 갑자기 그녀에게 연락을 해서는 만나고 싶다는 것이다.

좋아하는 선배로부터 연락이 왔고, 만나기로 약속을 했다는 사실은 분명 좋은 일이었다. 그럼에도 수정은 반갑지만은 않은 감정이 마음속에서 스멀스멀 올라오는 것을 느꼈다. 그것은 일종의 불안감이었다.

수정은 불안감의 원인으로 지목할 만한 '핑곗거리'를 이내 찾아냈다. 옷장을 아무리 뒤져봐도 선배와의 약속 때 입고 갈 만한 옷이 없었다. 달라진 새 모습을 보여주고 싶었다.

MJ모임 SNS에 글을 올렸다.

토요일에 쇼핑 갈 사람?

1분도 안 돼 반응이 왔다.

나랑 같이 갈래?

민재였다.

어떤 종류의 관심인지

"정인 씨, 이거 보고 의견 좀 얘기해줘."

정인이 출근하자마자 장마녀 편집장이 기획안을 건네주었다. 아무리 봐도 중학교 때의 백마녀와 똑같이 생겼다. 목소리도 비슷하다. 싱글이라는 것까지 그렇다. 다른 게 있다면 백씨가 아닌 장씨에, 나이가 서른일곱이라는 점이다.

정인이 경험한 서른다섯이 넘은 싱글 여성은 둘 중 하나다. 하나는 평생 언니로 모시며 함께하고 싶은 사람. 미영 언니 같은 부류다. 다른 하나는 볼 때마다 기분이 오싹해서 피하고만 싶은 사람. 후자의 범주에 드는 장마녀가 자기 자리로 돌아가서는 한마디 더 했다.

"정인 씨, 근데 옷이 많이 큰가 보네?"

그 말에 팀원들이 소리 죽여 웃기 시작했다. 정인은 품이 넉넉하다는 뜻인 줄 알았다. 손으로 허리춤이며 어깨를 만져봤다. 많이 남는 것 같지 않았다. 옷에 이상이 있는 것 역시 아니었다. 팀원 하나가 목 뒤로 깍지를 꼈다. 정인은 자기도 모르게 뒷덜미를 만져본 뒤에야 어떻게 된 영문인지 비로소 깨달았다. 늦잠을 자고나서 비몽사몽간에 헐레벌떡 뛰어나온 결과였다. 작은 옷걸이를 빼놓지 않은 채 그냥 입고 온 것이 었다.

불행은 혼자 오지 않는다는 말이 확실하게 맞는 모양이다. 새해 벽두부터 좋지 않은 일이 잇달아 일어났다. 문예지 등단이 이해하기 어려운 이유로 취소되었고, 인터넷으로 샴푸와 린스를 주문했는데 배송에 문제가 생기는 바람에 나흘 연속 비누로 머리를 감아야 했다.

그런 건 다 좋다. 이미 지난 일이라고 위안 삼을 수도 있다. 하지만 장마녀 팀에서 내키지 않는 일을 해야 한다는 것은 현재이며, 내일도 모레도 반복되어야 할 성질의 것이다. 납득할 수도 없는 자기계발서를 만들어야 한다니. 그것도 문창과 출신이. 소설 등단한 동기들이라도 만나면 뭐라고 설명해야 할지 난감했다.

정인은 예전 직장 선배들을 통해 새 일자리를 수소문해보았으나 한결같은 반응을 들어야 했다. 출판계가 최악의 불황인데, 누가 소설 편집자를 충원하겠느냐는 거였다. 지겨운 불황 소리……. 그녀가 출판계에 들어온 뒤로 최악의 불황이 아니었던 해가 한 번도 없었다.

똑같은 일상이 되풀이됐다. 장마녀가 건네주는 기획안에서 적당한 흠집을 잡아 '그다지 안 끌리는 주제'라는 취지의 의견을 표현만 바꿔가며 대답해주고, 인터넷 서핑을 하다가 일과가 끝나면 오피스텔 근처의 카페에 멍하니 앉아 있기, 그리고 새벽까지 잠 못 이루고 뒤척이기. 의미 없이 하루하루를 보내고 있다는 생각이 정인을 힘들게 했다.

정인은 기획안을 적당히 넘겨보고는 퇴근 무렵, 장마녀 자리에 가서 의견을 전했다.

"다 아는 얘기를 모아놓은 것뿐인데요. 독자들은 이렇게 뻔한 것들은 식상해하고…….”

장마녀가 정인의 얼굴을 뚫어져라 보다가 말했다.

"벌써 퇴근시간이네. 약속 없으면 나랑 와인 한잔해."

회사 옆의 작은 비스트로에서 마주 앉았다.

"정인 씨, 당신 왜 그래?"

와인을 한 모금 맛본 장마녀가 뜬금없이 물었다.

"네?"

정인은 눈을 동그랗게 떴다.

"그렇게 아무것도 안 하려면 회사에는 왜 나와? 그냥 집에서 놀지, 왜 나와서 우리 팀 분위기까지 망쳐놓고 있는 거야?"

정인은 눈을 질끈 감았다. 올 것이 온 거였다. 솔직히 털어놓았다.

"3팀에서 하는 일이 저한테는 맞지 않는 것 같아요. 전에도 말씀드렸지만 인사이동에 제 의견이 반영된 것도 아니었고…….”

장마녀가 물었다.

"그래? 그럼 당신이 하고 싶은 일이란 게 어떤 거지?"

당연히 소설 편집이다. 내친김에 전부 얘기했다. 소설가가 되기 위해 대학 때부터 준비해왔고 지금도 그 꿈을 포기하지 않았다고. 문예지로 등단할 뻔했던 얘기까지 속 시원하게 풀어놓았다.

"인사 문제는 그렇다 치고……. 어쨌든 당신! 소설 쓰는 게 무슨 벼

슬이라도 돼? 소설 쓰면 다른 책들을 우습게 볼 자격증이 나오나?”

정인은 입을 다물었다. 그 대목은 할 말이 없었다. 한동안 말없이 술잔을 기울였다. 장마녀가 침묵을 깼다. 어떤 소설을 써왔는지를 물었다. 대학 때 처음 신춘문예에 응모했던 얘기까지 거슬러 올라갔다.

“인사 문제는 내 권한 밖의 일이지만……”

장마녀가 골똘히 생각하다가 말했다.

“3팀의 업무는 나한테 재량권이 있으니까…… 음, 이런 건 어떨까? 일종의 내기 같은 건데……”

장마녀의 표정에 심술이 어렸다.

“시놉시스를 갖고 와봐. 읽어보고 괜찮으면 일주일에 하루씩 재택근무를 시켜줄게. 그 시간만 잘 활용해도 신춘문예 준비하는 데 도움이 될 거야. 우리 팀에서 소설가가 나온다면 나로서도 영광이지.”

기분이 상했다. 장마녀는 문학 쪽 일을 해본 경험이 없다고 들었다. 실용서와 학습서, 자기계발서 같은 책만 줄곧 만들어온 사람에게 소설을 보는 안목 같은 게 있을 리 없었다. 장마녀의 관심은 좋은 의도 같지가 않았다. 정인의 소설에 대한 열정을 개인적인 심심풀이 장난감 삼으려는 의도일 가능성이 높았다.

이튿날 아침, 장마녀가 커피를 타서 자리로 돌아가며 정인에게 말했다.

“어제는 내가 취해서 실수를 좀 한 것 같은데, 그래도 약속은 약속이니까 시놉시스 괜찮으면 말했던 대로 해줄게.”

정인이 고맙다고 하려는데 장마녀가 한마디 덧붙였다.

“그렇지만 쉽지는 않을 거야. 내가 꽤나 까다로운 독자거든?”

＊＊＊＊

민재가 보기에 수정한테는 검은색 투피스와 흰색 드레스셔츠가 가장 어울렸다. 둥그런 뿔테 안경이 날카롭게 보이는 눈을 다소 커버해주니까, 그렇게 차려 입으면 꽤 멋진 커리어 우먼 느낌이 날 것이다.

"이거, 어때?"

수정이 체크무늬 원피스를 몸에 대보면서 물었다.

"좋은데? 딱 네 옷이야."

수정의 이미지에는 어울리지 않는 스타일이었다. 그래도 민재는 관심을 한껏 드러내는 표정으로 좋다고 해주었다. 민재가 보라색 데님을 고르자 수정 또한 "그 색, 너한테 잘 맞겠어" 하고 말해주었다.

수정과 거울 앞에 나란히 서자 키 차이가 꽤 난다. 수정은 자기 키가 165cm라고 하는데 166cm라는 효선과 비교해보면 많이 작아 보인다. 163cm쯤 되는 것 같다. 2cm는 수정의 자존심일 게다.

원래, 민재는 수정과 가장 친했었다. 그런데 언제부턴가 거리감을 느끼기 시작했고, 마침내는 사사건건 부딪히는 사이가 되어버렸다. 민재는 수정이 왜 이토록 자기를 싫어하게 됐는지 궁금했다.

쇼핑 때문인가 싶기도 하다. 작년부터였나? 모임 때마다 겸사겸사 백화점에 들른 게 수정을 자극한 것 같았다. 민재가 진지한 얘기를 꺼내면 수정이 그 부분을 걸고 넘어가곤 했다.

"쇼핑백을 몇 개나 들고 왔던데, 그런 것도 좋은 세상을 만들기 위한 의식 있는 활동인가 봐."

민재는 그런 얘기를 자주 하면 자신의 이미지를 바꾸는 것은 물론,

친구들이 감히 얕볼 수 없게 될 거라고 믿었다. 한번은 슬라보예 지젝(Slavoj zizek)의 '실패한 자본주의'에 대해 얘기를 해줬더니, 수정이 '보라는 달은 안 보고 가리키는 손톱만 본다'는 식으로 물었다.

"지젝인지 지젤인지가 어느 나라 사람인데?"

그런 것까지 준비하지 못했던 민재는 당황한 나머지 되는 대로 찍고 말았다.

"러시아잖아."

수정이 휴대폰으로 검색을 해보고는 망신을 주었다.

"러시아는 무슨. 옛 유고 출신이라고 나와 있네."

민재 또한 슬라보예 지젝의 저서를 읽어본 건 아니었다. 인터넷 게시판에 누군가 올린 글을 본 게 전부였다.

오늘은 수정과 함께 한 시간 넘게 쇼핑몰을 다녔지만 기분 상할 일은 없었다. 민재는 피팅룸에서 스키니를 끙끙대며 입어보다가 포기하고 나왔다. 그보다 큰 사이즈는, 적어도 수정 앞에서는 손에 들고 싶지 않았다.

친구들 모두 책과 글쓰기를 좋아하니까, 영화 〈제인 오스틴 북클럽〉을 흉내 내 독서클럽을 만들어보자고 제안했던 것은 민재였다. 하지만 토론할 책을 번번이 읽지 않고 모임에 나온 것 역시 민재였다. 독서토론은 시간이 흐르면서 유야무야됐다.

그런 이미지로 인해 수정이 자신을 우습게 여기는 것인지도 모르겠다고, 민재는 스키니를 원래 자리에 놓으면서 생각했다.

'쟤만 없으면 우리 모임 분위기가 더 좋아질 텐데.'

알바 때문에 늘 바쁘다면서 왜 모임엔 꼬박꼬박 나와 남의 속을 긁어대는 것인지. 얼마나 집요하고 예리한지, 말 한마디 실수했다가는 '러시아 출신의 지젝' 때처럼 꼼짝 못하고 당한다. 그렇지만 마음 한구석에는 수정이 '원래는 좋은 애'라는 믿음도 있어서 혼란스럽다.

"저기, 물방물 무늬 괜찮아 보이지 않니?"

수정이 옆 매장으로 발걸음을 옮겼다. 민재의 기억 속에 있는 또 다른 수정은 마음속에 따뜻함을 감춰놓고 있는 성격이었다. 키만 컸지 약골에 의지박약인 민재를 국토대장정 때 돌봐준 것도 수정이었다. 발바닥의 물집을 터뜨려주고, 배낭에서 짐을 덜어 자기 것으로 옮겨주었다. 수시로 도와주고도 생색을 낸 적이 없었다.

수정이 피팅룸에서 원피스로 갈아입고 나왔다.

"와~예쁘다. 정말!"

그러다 생각이 났다. 시골의 초등학교 운동장에서 야영을 했던 날. 화장실을 다녀오다가 수정이 계단 관중석에 앉아 밤하늘을 물끄러미 바라보는 것을 발견했다. 뭐라고 말을 걸려고 했지만 입 밖으로 나오지 않았다. 수정의 뒷모습이 한없이 무거워 보였기 때문이었다.

그때 결심해놓고는 한동안 잊고 있었다.

'저 애한테 잘해줘야지.'

스물아홉의 버킷리스트

미영의 생각에, 떡볶이는 고통 속에 숨어 있는 희열의 뒷맛을 일깨워주기 위해 존재하는 음식이다. 해물 떡볶이는 그중에서도 진짜 매운맛이 어떤 것인지 보여주겠다는 각오처럼 매웠다.

아이들이 '스물아홉 병'에 대해 얘기했다.

"딱 나더라. 탕웨이 고것이 상하이에서 남편이랑 아기는 안 돌보고 몰래 카메라 같은 걸로 내가 뭐하는지만 감시하고 있었나 봐."

수정의 말에 정인이 까르르 웃었다.

"회사를 그만두고 싶은 충동은 딱 나던데?"

효선도 보탰다.

"수다 떨다가 외로워지는 건 내가 맡을게."

제아무리 우리말에 능통한 교포라도 떡볶이까지는 무리였다. 알렉스는 손부채를 부치면서 쿨피스만 들이켰다. 미영은 알렉스에게 미안했다. 아이들의 열화와 같은 요청도 있었지만 알렉스 스스로도 참석하고 싶다고 해서 같이 왔는데 하필이면.

화제가 요즘 대세라는 드라마로 바뀌었다. 여자 주인공이 문제투성이 집안의 남자와 결혼해 숱한 고난을 겪는다는 설정이었다. 수정이 '막장의 백과사전'이라고 비난하자 웬일로 민재가 반박했다.

"그게 왜 막장이지? 정말 사랑하면 뭐든 극복할 수 있는 것 아니야?"

미영은 민재의 환상 풍선을 터뜨려주고 싶은 못된 욕구를 참았다.

'얘야. 현실이란 그런 게 아니란다.'

민재의 생각이 완전히 틀린 것은 아니다. 사랑이 뭐든 이겨낼 수도 있다. 다만 생각처럼은 쉽지가 않으니까 문제다. 수정이 민재의 말을 끊고 미영에게 물었다.

"참, 언니는 결혼 생각날 때 없어요?"

미영은 옆자리 민재의 어깨를 감싸 안으면서 대꾸했다.

"없어. 난 민재처럼 시원시원하게 생긴 애가 결혼 같은 것보다 좋아."

수정이 알렉스를 손가락질하면서 웃음을 터뜨렸다.

"어머! 얼굴 새빨개진 것 봐요. 아하하하."

내친 김에 화제가 남자 아이돌 복근 얘기로 튀었다. 어떤 아이의 복근이 가장 멋있는지를 놓고 시끄러워졌다. 하지만 결론은 복근이 아닌 얼굴이었다. 풋풋한 얼굴을 가진 아이돌이 복근과는 관계없이 가장 멋진 복근의 소유자로 뽑혔다.

잠시 후, 수정이 형식이라는 선배를 만났던 일을 이야기했다. 그 선배가 여름 시즌에 방송되는 20부작 드라마 대본을 맡았는데, 수정이 몇 년 전에 썼던 대본 중 일부를 따다 쓰고 싶다는 것이었다. 수정은 은근히 자랑하면서 친구들의 반응을 즐기는 것 같았다.

"한마디로 정리하면, 네 원고에서 마음대로 갖다 쓰겠다는 얘기잖아?"

정인이 눈살을 찌푸리면서 따졌다. 수정이 손을 저었다.

"맘대로까지는 아니고. 재작년 공모전에서 탈락했던 내 대본의 주인공이 매력적이었다는 거야. 그 캐릭터를 비중 있는 조연으로 쓰고 싶다는 거지."

효선이 물었다.

"그러면 그 대본을 나중에 네가 다시 활용할 방법이 없어지잖아. 그 대가로 너한테는 어떤 보상이 주어지는데?"

수정은 여유 있는 웃음을 지으면서 대답했다.

"보상은 없지. 형식 선배가 어떻게든 이름을 넣어주겠다고 했지만 내가 무리하지 말라고 했어. 선배의 미니시리즈 데뷔작인데 성공이 제일 중요하잖아."

수정이 슬쩍 화제를 돌렸다.

"아! 맵다. 너무 매워. 아이스크림 먹고 싶네."

친구들에게서 원하던 반응이 나오지 않으니까 대화가 부담스러운 것 같았다. 미영이 계산을 마치고 떡볶이 집에서 나오자 알렉스가 아이스크림을 내밀었다. 속이 깊고 세심한 알렉스가 먼저 일어나 아이스크림을 사온 것이다. 정인이 알렉스를 다시 봤다는 표정으로 힐끔거렸다.

'저 둘을 어떻게 한번, 이어줘볼까?'

미영은 자기도 모르게 흐뭇한 미소를 지었다.

"어머나!"

화장실에 들렀다 뒤늦게 나오던 민재가 뭔가에 걸려 발라당 넘어졌다. 알렉스가 주머니에서 손수건을 꺼내어 내밀었다.

"괜찮아요?"

수정이 콧방귀를 뀌고는 혼잣말을 했다.

"우리 민재, 이제는 관심을 끌려고 몸개그까지 하네?"

빨간책방 카페에서 수다를 떨다가 민재가 기발한 아이디어를 냈다.

"올해가 우리 20대의 마지막 해잖아? 서른을 맞이하기 전에 뭔가 특별한 이벤트 같은 걸 만들어보지 않을래?"

✳✳✳✳

수정이 강변으로 통하는 굴다리를 나서자, 다소 수그러들었다지만 여전히 사나운 겨울바람이 뺨을 얼얼하게 때리고 지나갔다. 이어폰에서 아이슬란드 록그룹 시규어 로스(Sigur Ros)의 장중한 반주와 감미로운 보컬이 흘러나왔다.

솔직히, 어제 정인이나 효선의 반응은 실망스러웠다. 컴퓨터 속에서 잠자고 있던 대본이 생명을 얻었다는 것만으로도 충분히 고마운 일이다. 그 애들이 당연히 축하부터 해줄 줄 알았다. 그런데 축하는커녕 좋은 기회를 만들어준 형식 선배를 의심하기까지 했다. 수정은 자신이 창조해낸 여주인공 캐릭터가 형식 선배의 프레임에선 비록 조연이지만 어떻게 해석되고 재창조될지 궁금했다.

수정에게 희망의 '틈'이 생겼다. 친구들에게는 아직 보여주지 않은 비장의 카드가 하나 있다. 선배는 수정이 대가를 바라지 않자, 일주일에 한 번씩 원고 미팅을 하자고 제안했다. 초고를 보여줄 테니까 의견을 내면 반영하겠다는 취지였다. 비공식적이지만 '한 팀이 되어달라'는 얘기나 다름없었다. 수정이 예전에 봤던 외국 드라마에 이런 말이 나왔었다.

'재능은 99%의 노력과 1%의 가능성이고, 노력은 99%의 끈기와 1%의 꿈이며, 끈기는 99%의 애정과 1%의 망설임이다. 애정은 99%의 어리석음과 1%의 희망이다.'

언젠가 써먹을 수 있겠다 싶어 기억하고 있었다. 지금 생각해보니까 무슨 뜻인지 알 것 같다. 어리석어야 사랑이든 무엇이든 이룰 수 있다는 의미인 것이다.

시규어 로스의 음악이 클라이맥스에 이르렀다. 수정은 두 팔을 크게 교차시키며 빠른 속도로 움직이기 시작했다. 친구들 앞에서 '난 이렇게 먹어도 괜찮아' 하고 과시하듯 조각 케이크까지 먹어댄 죄를 참회하려면 시속 4~7km의 속도로 두 시간 이상은 걸어줘야 한다.

마음이 편해졌다. 그녀는 고개를 끄덕였다. 내 작품을, 아이디어를 빼앗기면 좀 어때. 이용당하면 당하는 거지. 그녀는 기꺼이 이용당해주기로 결심했다. 좋아하는 선배가 잘되면 그것만으로도 좋은 일 아닌가.

앞을 가로막은 차가운 대기를, 수정의 입김이 증기기관차처럼 녹이면서 전진해갔다. 그녀는 더 이상 흔들리지 않고 앞으로 나갔으면 좋겠다고 생각했다. 나이가 드는 두려움을 뒤로하고, 나이가 들어갈수록 은은하게 빛나는 여성으로 성장해가고 싶다.

영화 〈중경삼림〉의 왕페이와 양조위에게 비행기표가 그랬던 것처럼, 수정은 자신과 형식 선배에게 대본 작업이 새로운 세상을 열어줄지도 모른다는 기대를 슬그머니 갖게 되었다. 이를테면 연인 관계로 이어진다든가.

좋은 일 같은 건 생기지 않을 줄 알았는데, 서른을 눈앞에 두고 비로소 좋은 일이 생겼다. 친구들은 아홉수를 겪고 있다면서 불만이라지만. 수정은 집에 돌아와 몰스킨 다이어리를 펴고 '스물아홉의 버킷리스트'에 한 가지를 새로 추가했다.

형식 선배를 도와 데뷔작 성공시키기. 그리고 선배와 잘되기.

또 하나를 추가하려다 망설였다. 어제 민재가 아이디어를 냈다.

"올해가 우리 20대의 마지막 해잖아? 서른을 맞이하기 전에 뭔가 특별한 이벤트 같은 걸 만들어보지 않을래?"

정위이 곧바로 받았다.

"여행은 어떨까? 기가 막히게 멋진 장소에서 스물아홉을 보내고 서른을 맞이하는 걸로 말이지."

효선도 반색을 했다. 다들 좋아하니까 수정도 그러자고 했다. 어디로 갈 것인지는 의견이 분분해서 정하지 못했다. 우선은 여행경비를 마련하기 위해 매달 10만 원씩 걷기로 했다. 3월부터 모으면 12월까지 1인당 100만 원이다.

그러나 수정은 친구들과의 여행이 그다지 끌리지 않았다. 형식 선배와 작업하는 미니시리즈가 어쩐지 잘될 것 같은 예감이 들었다. 그 이후로 매우 바빠질 가능성이 높았다. 가까워진 만큼 만나느라 바쁠 테고, 후속작을 논의하느라 두 배로 바빠질 것이다.

수정은 결국 친구들과의 연말 여행을 버킷리스트에 추가하지 않은 채 다이어리를 덮었다.

불안감 때문에
가장 빛나는
순간

질주와 슬픔의 맛

정인으로서는 오랜만에 느껴보는 짜릿한 쾌감이었다. 민재는 오르막이 나타날 때마다 어김없이 속도를 높였고, 자동차는 카랑카랑한 포효와 함께 아스팔트를 차고 올라갔다. 앞서 가던 차들의 뒷덜미를 잡아채는 것은 순식간이었다. 그들을 젖히고 앞으로 쭉 나서다보면 '꺄악~' 하는 환호성이 절로 나왔다. 조수석의 수정도 깔깔대면서 웃었다. 민재가 핸들을 조작하며 으스대는 투로 말했다.

"이것 봐. 일찍 나오길 잘했잖아. 너희들 말대로 오후에 출발했다간 거의 명절 귀성 분위기 될 뻔했어."

공사비를 많이 들여 가급적 직선으로 설계했다는 경춘고속도로는 시원하게 뻗어 있었고, 민재가 가속페달을 꾹 밟으면 그 흥분이 엉덩이와 발바닥을 통해 고스란히 느껴졌다. 자동차는 사냥감을 덮치는 맹수처럼 앞으로 튀어나갔다.

"민재는 좋겠다. 아빠가 부자라서 이런 외제차도 선물받고."

수정이 말했다. 정인은 수정의 말에서 뼈를 감지했다. '아빠가 부자이지, 네가 부자인 것은 아니지 않느냐'는 뜻이었다. 그나마 민재가 심각하게 받아들이지 않는 것이 다행이었다.

"이거 비싼 차 아니야. 이 차 별명이 '가난한 자의 포르쉐'라던데. 가격도 국산 중형차랑 비슷한 수준일걸?"

대외명분용 공무원시험을 포기하고 성실하게 결혼 준비를 하겠다는 조건으로 아빠가 새 자동차를 선물해주었다고 한다. 수정이 카메라 뒷면의 LCD창으로 촬영 세팅을 바꾸면서 말했다.

"선루프 좀 열어줄래?"

차가운 바람이 한꺼번에 몰아쳤다. 터널이 시작됐다. 수정은 카메라를 선루프 바깥으로 내밀어 연속으로 사진을 찍었다. 터널 속을 질주하는 느낌이 카메라 렌즈 속으로 빨려들어왔다.

수정이 '싸움닭' 스타일인 건 확실하다. 신경이 곤두서 있을 때가 많고 마음에 들지 않으면 바로 쪼아버린다. 정인은 이 대목에서 궁금해졌다. 민재가 수정의 쪼아대는 말들을 웬만하면 참아주고, 다투고 나서 멀어졌다가도 먼저 다가서는 이유가 무엇일까. 작년에도 둘이 한바탕한 적이 있었다.

정인이 중학교 때부터 봐온 민재는 당찬 구석도 꽤 있다. 그런데도 유독 수정에게만은 여지없이 쪼이는 약한 모습을 보여왔다. 국토대장정 때 수정의 도움을 많이 받았다고는 해도 그건 어디까지나 옛날이야기일 뿐이다.

정인은 운전하는 민재와 옆자리에서 LCD창으로 촬영 결과를 확인하는 수정을 번갈아 보다가 예전에는 생각하지 못했던 '색다른 가능성'을 갑자기 떠올렸다. 수정이 싸움닭처럼 민재를 쪼면서 우세를 보이지만, 겉으로 보기에만 그런 게 아닌가 하는. 혹시 민재에게 배구의 강 스파이크와도 같은 '한 방'이 있기 때문에, 정말로 심한 타격을 입는 건 오히려 수정일지도 모른다는 가능성이었다.

생각해보니까 수정과 민재, 둘 사이가 예전에는 이렇지 않았다. 가장 친했었다. 하지만 가장 친했기 때문에 '한 방'이 있을 수 있는 것이다. 서로를 잘 아니까. 정인은 '글을 쓴다'는 부분에서 수정과 잘 통하지만 수정에 대해서는 아는 게 별로 없다. 수정의 불행 가운데 일부를 짐작하는 정도다. 그래서 더욱 조심하는 편이다.

＊＊＊＊

수정에겐 딤섬 전문점이 처음이었다. 입구에 진시황릉 병마총의 병사 상을 줄지어 세워놓은 것부터가 괜히 그녀를 위축되게 했다. 인테리어도 중국의 유물들을 그대로 옮겨놓은 것처럼 예스럽고 호사스러웠다. 하지만 수정은 굳이 고개를 돌려가며 두리번거리지 않았다. '쟤, 왜 저렇게 촌스럽니' 같은 얘기를 듣고 싶지 않았다.

점심은 춘천에서 막국수를 먹었고, 민재가 새 차를 뽑은 기념으로 저녁을 쏘기로 했다. 어딘가로 전화를 걸어 예약을 했는데, 이처럼 대단한 곳일 줄은 몰랐다. 홍콩 최고 요리사가 중국 본토를 제외한 동양권에선 도쿄에 이어 두 번째로 서울에 문을 연 식당이라고 했다.

"아~ 여기 잡지에 나왔던데, 민재 넌 벌써 와봤구나?"

정인의 말에 민재가 대수롭지 않다는 듯 대답했다.

"응. 엄마랑. 한 달 좀 넘었나? 열자마자 와봤지."

수정은 자기 들으라고 하는 소리 같아서 거북했다. 외제차 자랑하는 게 마음에 안 들어서 한마디 해준 게 '되로 주고 말로 받기'로 돌아온 거였다. 민재와 정인이 메뉴를 보면서 음식들을 줄줄이 주문했다. 정인도 뭔가를 좀 아는 것 같았다. 수정은 그 외중에 혼자만 아무것도 모르는 것 같아 소외감을 느꼈다. 아르바이트로 돈을 모아 해마다 한두 번씩 해외여행을 다녔지만, 이상하게도 중국이나 홍콩과는 아직까지 인연이 없다. 더구나 배낭여행에 고급 음식 같은 건 꿈도 못 꾼다.

대나무 찜통 속에 김이 모락모락 나는 만두가 들어 있었다. 수정은 만두를 한 입에 넣고 깨물었다가 그대로 뱉을 뻔했다. 뜨거운 육즙이 터져 나오는 바람에 입천장을 데고 말았다. 민재가 정인에게 먹는 방법을 알려주었다.

"먼저 이렇게 간장에 찍어. 그런 다음 중국식 숟가락에 올려. 그렇지. 젓가락으로 옆구리에 구멍을 내는 거야. 육즙을 빼고 조금만 식힌 다음에 먹으면 돼."

수정은 자기도 모르게 민재가 하는 대로 따라 먹으면서 기분이 더 나빠졌다. 뭐라고 흠을 잡을 수 없을 만큼 맛이 있었다. 민재는 모임 때마다 비싼 걸 먹자고 해서 수정을 당황하게 했다. 비싸고 맛있는 게 좋은 건 수정도 안다. 하지만 알바로 힘들게 번 돈을 그렇게 허무하게 날리는 건 안타까운 일이었다. 미영 언니가 비용을 부담할 때도 있지만 더치페이인 경우도 적지 않다. 돈을 낼 때면 민재에게 고운 시선이 갈 수가 없다.

이제는 가깝지만 마음은 가장 먼 사이가 되어버렸다. 하지만 민재의
속은 여전히 훤히 보인다. 가장 친한 사이였던 데다 민재가 워낙 단순
한 아이라서다. 민재는 노력 없이도 즐기며 잘 살고 있다. 외제차를 신
나게 몰고 다니면서.

취직을 하더니 세 달도 못 돼 그만두었고, 공무원시험을 준비했다지
만 말뿐이었던 것 같다. 이젠 아예 공부하는 시늉도 때려치우고 결혼
전선에 나선단다. 기분전환으로 비싼 옷과 신발을 사다 나르면서 현실
개혁을 외친다. 친구들한테는 어려운 책을 보라면서 자기는 인터넷에
서 대충 본 걸 가지고 아는 척한다. 현실과 관계없이 풍선처럼 둥둥 떠
있는 게 민재다. 그래서 민재를 보면 짜증이 난다. 생각이 훤히 보여서
더 화가 난다 편하고 쉽게 대접만 받으려는 것 같아서.

수정은 대학 3학년 때 알바로 모은 돈 중 일부를 털어 1종 면허를 땄
다. 운전강사가 물었다.

"대학생이 왜 트럭 운전을 배워?"

"빨리 독립해 야채장사라도 하려고요."

강사는 농담 잘 하는 아가씨라며 웃었지만, 그때의 수정은 진심이었다.

처음 맛보는 고급 딤섬, 수정은 그 맛을 입으로 즐기면서도 마음으
로는 슬펐다.

불안감과 모멸감의 기원

민재의 독특한 습관 가운데 하나. 이상한 남자로 인해 기분이 우울할 땐 친구를 만난다.

"미안해. 나 때문에 일부러 시내까지 나온 거, 정말 아니지?"

민재는 효선이 자리에 앉자마자 한껏 불쌍해 보이는 표정을 지으며 물었다.

"아니야. 이것 보면 몰라? 책 고르고 있었다니까."

효선이 대형서점 종이봉투를 들어 보였다. 정인이나 수정이 글을 쓰는 쪽이라면, 효선은 책을 많이 보는 쪽이다. 영화만 좋아하고 책은 안 보는 민재와는 달리, 효선은 진짜로 책을 많이 본다.

민재의 이상한 남자와 만난 얘기가 시작됐다. 선보기로 한 남자가 주말과 휴일에 더 바쁘다고 해서 평일에 만나기로 했다. 그런데 약속 시간이 묘했다. 오전 11시 40분.

"시간 그렇게 잡을 때부터 알아봤어야 하는 건데……. 정말 이상한 사람이더라."

휴대폰 번호만 가지고 백화점 앞에서 만나기로 한 것도 그랬다. 민재가 정문 앞에서 기다렸으나 약속시간이 넘도록 남자가 나타나지 않았다. 5분쯤 지나니까 전화가 왔다. 대뜸 왜 아직도 안 왔느냐고 따지는 말투였다. 남자는 정문이 아닌 옆문 쪽에서 기다리고 있었다.

심각해 보이는 인상부터가 마음에 들지 않았다. "점심, 아직이죠?" 하고 물은 남자가 백화점 안쪽으로 향했다. 마침 빈 엘리베이터가 있었다. 먼저 탄 남자가 엘리베이터 버튼에서 식당가가 몇 층인지를 찾는 것 같았다. 백화점을 훤히 꿰고 있는 민재가 친절함을 발휘해 손을 뻗었다. 그 순간 남자도 버튼을 눌렀다.

9층과 지하 1층.

남자가 조금 빨랐다. 엘리베이터는 지하 1층 식품매장으로 내려갔다.

"처음 만난 여자를 데리고 백화점 지하 1층에 가는 남자가 어딨어? 내가 이상한 거니? 기가 막혀서 말이 안 나오더라."

남자는 해물덮밥을, 민재는 우동을 주문해 제각각 식판을 받아다 점심을 먹었다. 목청이 큰 아줌마들 무리와 칭얼대는 애들 틈에서 뭘 하자는 것인지 알 수 없었다.

민재가 효선에게 털어놓지 않은 사실이 있다. 민재는 효선을 기다리는 동안 알렉스에게 전화를 걸어보았다. 이런 날 혹시 따로 만날 수 있다면 좋을 것 같았다.

"아! 네, 민재 씨. 안녕하세요."

반갑게 인사한 것까지는 좋았다.

"그런데 무슨 일로……."

말투가 부드럽고 매너 역시 좋았지만, 그 속에서 특별한 호감은 느껴지지 않았다.

"아…… 네. 휴대폰 전화번호를 정리하다가 잘못 눌려서……. 그냥 눌린 김에……."

순간적인 거짓말이었지만 여자가 이렇게까지 얘기하면 "그런 김에 저녁이나 같이 먹을까요?" 하고 말해주면 어디 덧난단 말인가?

"그렇군요. 그러면 다음 모임 때 뵙지요."

민재는 전화를 끊고 나서 기분이 가라앉았다. 거절당한 거였다. 그녀는 깔끔하게 마음을 접기로 마음먹었다. 그러자 마음에 더욱 걸리는 게 있었다. 내가 그렇게 매력이 없나? 그걸 효선에게 꼭 확인받고 싶었다. 매력이 없지는 않은 여자라는 것을.

✳✳✳✳

시어머니가 자동차 뒷좌석에서 내리며 효선에게 말했다.

"30분 정도 걸릴 테니까 너는 네 볼일 보고 있어라. 끝나고 전화할게."

30분이라고 했지만 시어머니의 은행 일은 웬만해선 일찍 끝나는 경우가 드물다. 대개는 한 시간 가까이 걸린다. 효선은 주차장에 차를 세워놓고 상가를 돌며 구경을 했다.

부잣집 아들과 결혼한 여자에 대해 사람들이 갖는 환상.

'좋겠다. 원하는 것들을 가질 수 있을 테니까.'

TV 드라마에는 식구 모두가 펑펑 써대는 부잣집이 자주 등장한다. 민재네 집도 상당한 부자라서 여유가 넘친다. 대부분의 부잣집들이 그럴지도 모른다. 하지만 효선의 경우에는 아니었다. 늘 돈에 쪼들렸다. 남편의 월급으로는 적금 붓고 생활비 쓰면 끝이었다. 그나마 생활비를 줄여 엄마에게 돈을 보내주고 있다.

남편은 규모가 크지 않은 회사에 다닌다. 효선이 일했던 대기업의 협력업체다. 시어머니가 두둑한 용돈을 따로 주지 않느냐고? 천만의 말씀이다. 마트에서 장을 같이 봐도 계산은 따로따로다. 생신이나 어버이날, 명절에는 적지 않은 용돈까지 챙겨드려야 한다.

신혼 초에 시어머니와 처음으로 은행에 들렀을 때였다. 월말이라 기다리는 손님이 많았다. 효선은 시간을 줄이려고 번호표부터 뽑았다. 그런데 시어머니의 행동이 예상 밖이었다.

“너는 여기 좀 있어라.”

시어머니는 번호표는 거들떠보지도 않고 지점장실로 쑥 들어가버렸다. 무안함을 느낄 사이도 없었다. 효선에겐 신기하기만 했다. 번호표가 필요 없는, 얼굴만으로 은행에서 특별대접을 받는 사람을 현실에서 본 것이었다.

신기함이 모멸감으로 바뀌는 것은 금방이었다. 대기업에 갓 입사했던 그녀를 보증인 삼아 대출을 받으며 은행 직원에게 굽실거리던 아빠 생각이 났다. 그 기억이 자신을 떼어놓고 지점장실에 혼자 들어간 시어머니와 합쳐졌다.

시어머니의 행동은 둘 중 하나였다. 효선을 무시하거나 믿지 못하거나. 둘 다일 것 같았다. 분노가 올라왔다.

'있으면 얼마나 있다고…….'

그날, 오후 내내 벼르다가 퇴근한 남편을 붙들고 하소연했다. 무슨 일이 있었고 자신이 얼마나 모멸감을 느꼈는지 털어놓았다. 한데 남편의 반응이 의외였다.

"그게 왜?"

그 한마디가 효선의 의식을 진공상태로 밀어넣었다. 그 밖에도 하고 싶은 말이 목구멍까지 넘칠 정도로 들어차 있었다. 하지만 남편의 반응에 고래가 삼켜버린 듯 어디론가 쑥 꺼져버렸다. 남편이 한마디 보탰다.

"당연한 것 아니야? 자기 돈이 어디에 얼마나 있는지 드러내고 싶은 사람이 어딨어?"

엄마는 아니었다. 돈자랑을 즐거워했다. 효선의 결혼 첫해에 아빠 생신을 특급호텔 뷔페에서 했다. 엄마는 아빠 생신 두어 달 전부터 끙끙 앓는 소리를 냈다. 일반 식당은 이래서 싫고, 한정식집은 저래서 안 된다는 식이었다. 아빠 체면에 먹칠을 할까 봐 잠이 안 온다고 했다. 사위와 딸의 입에서 특급호텔이 나오고서야 엄마의 걱정이 만족으로 바뀌었다.

연락이 뜸하던 친척들도 애들까지 전부 데리고 나타났다. 어마어마한 금액이 나왔다. 남편은 그 큰돈을 써놓고도 순진하게 웃기만 했다. 효선은 그런 남편에게 미안했다. 신용카드 할부를 갚기 위해 몇 달 동안 지겨운 내핍에 들어가야 했다. 시어머니에게 들키지 않으려고 일거수일투족을 극히 조심하느라 더욱 힘들 수밖에 없었다.

빈틈없는 시어머니에게 예외가 있다면 이따금 효선을 데리고 백화점에 가서 비싼 옷이나 가방, 액세서리 같은 것들을 사주는 일이 심심치 않게 있다는 정도였다. 시어머니는 성형외과나 피부과에도 데리고 다니면서 입버릇처럼 말했다.

"여자는 늘 예쁘게 꾸미고 관리할 줄 알아야 해. 그래야 가정이 화목해지는 거야."

돌아가신 시아버지와의 좋지 않았던 결혼생활을, 아들만은 되풀이하지 않기를 바라기 때문인지도 모른다.

시어머니에게서 전화가 왔다.

"네, 어머니. 차 빼서 은행 정문 앞으로 갈게요."

응달에서 자란 꽃의 꽃말

"당신, 2kg 빠졌지?"

정인은 장마녀의 질문에 흠칫했다.

"아뇨. 500g밖에 안 빠졌는데요."

거짓말을 했다.

"아냐. 틀림없이 2kg 빠졌어."

귀신이었다. 눈에 레이저 측정기라도 숨겨놓은 것 같았다.

"아뇨. 정말이에요. 일주일 넘게 저녁을 굶었는데도 500g밖에 안 빠져서 큰일이에요."

장마녀는 그제야 안심이 됐는지 본론으로 들어갔다. 정인의 시놉시스를 검지로 톡톡 치면서 툴툴거렸다.

"당신은 이런 거 지겹지 않아? 저번엔 취업사수생에 고시폐인이더니 오늘은 망한 학원 강사야? 이런 뻔한 스토리 말고는 좀 없어?"

"소외된 삶을 그들 관점에서 서술하려면 그 정도가 적합하지 않을까 하는데요."

정인의 말에 장마녀가 홍 하고 콧방귀를 뀌었다.

"그게 겉멋이지. 나는 뭔가 다른 소설 쓰는 사람입네 광고하고 싶어서. 동네 카페 가봐. 소설 쓴답시고 노트북 켜놓은 애들이 넘쳐난다구. 종일 자의식 과잉인 글줄을 깨작거려놓고는 자기도 조앤 롤링처럼 성공할 거라고 과대망상 쩌는 애들."

정인은 눈살을 찌푸렸다. 서른일곱 해를 묵은 장마녀가 역시, 서른이었던 백마녀보다 제대로 마녀스러웠다. 하루 종일 카페에서 엉덩이 아픈 것 참아가며, 어떻게든 잘 써보려고 매달려 있는 작가 지망생들을 그런 식으로 매도하다니. 자기는 자기계발서나 만드는 주제에.

"정인 씨 당신 얘기를 써보는 건 어때? 남의 시선 같은 것 의식하지 말고, 당신 내면에 충실한 글 말이야."

그 말은 귀에 들어왔다. 잠깐 망설였지만 장마녀한테 털어놓는다고 손해 볼 얘기도 아닌 것 같았다.

"그럼 이런 얘기는 어떨까요?"

정인은 언니와 어린 시절부터 다투었던 얘기를 간략하게 들려주었다. 잘난 언니에게 늘 당하면서 천덕꾸러기로 살아온 동생 이야기. 장마녀가 고개를 가로저었다.

"그런 것도 뻔해. 당신이 무슨 신데렐라야? 내 마음에 돌을 던져서 잔잔한 파문을 일으킬 만한 걸로 가져와봐. 그러면 내가 일주일에 한 번은 정말 재택근무 시켜준다."

장마녀는 '꽤나 까다로운 독자'라기보다는 소설가 지망생을 가지고 놀며 히스테리를 발산하려는 '열등감 쩌는 잡서 편집장'임에 틀림없는 것 같았다. 정인은 맥이 빠졌다. 내가 왜……. 소설가로 등단을 앞두었던 내가 왜 이런 사람한테서 수모를 당해야 하는 것인지.

＊＊＊＊

형식 선배는 **수정**이 만들어낸 '가연'이란 캐릭터를 남자 주인공의 옛 여자친구로 정하고 싶어했다. 남자 주인공을 사랑하지만 자신의 한계 때문에 더 이상 다가서지 못하고 결별을 선언하는 '가련한 여자'로 등장시키겠다는 생각이었다.

선배의 작업실이 있는 오피스텔 1층의 커피전문점. 수정은 선배를 만나 저녁을 먹고 자리를 옮겨 회의 중이었다. 선배의 오피스텔에 들어가보고 싶었지만 먼저 말을 꺼낼 순 없었다.

"제가 썼던 대본에서는 시한부 선고를 받고 그 사실을 숨겼잖아요? 뒷부분만 바꿔보면 어떨까요? 남은 시간 동안 남자친구의 꿈을 이뤄주기 위해 헌신한다는 부분은 그냥 두고요. 호스피스 같은 곳에서 성공한 남자가 TV에 나와 연설하는 장면을 지켜본다든가……."

선배가 수정을 빤히 바라보면서 고개를 끄덕였다.

"흠…… 그것도 좋겠어. 그렇지만 요즘은 시청자들이 불치병 같은 요소를 그다지 좋아하지 않는다는 말도 있던데?"

선배는 남자 주인공으로부터 어쩔 수 없이 벗어나야만 하는 가연의 생각과 행동에 더욱 확실한 개연성을 불어넣기를 원했다. 남자 주인공의 성공에 자신은 방해만 될 것이라고 판단해야 하는 당위성……. 수정이 말했다.

"가연을 고아로 하는 건 어때요? 그런데 알고 보니까 사형수의 딸이라는 사실이 드러나는 쪽으로 말이죠."

선배가 고개를 저었다.

"비슷한 드라마가 이미 있었잖아."

선배가 다시 수정의 얼굴을 주의 깊게 바라보았다. 그 시선에 얼굴이 달아올랐다. 침묵이 두 사람 사이를 오가며 분위기를 부드럽게 풀어주었다. 예전에 스터디를 함께 할 때에는 각자가 써온 원고를 놓고 새파랗게 날이 선 비판을 주고받았다. 서로에게서 배우겠다는 취지였으나 상처를 받을 때도 많았다. 그런데 오늘은 선배의 드라마를 더 좋게 만들기 위해 같은 곳을 바라보는 입장이 되었다. 선배가 아이디어를 냈다.

"이런 건 어떨까? 어느 집에나 감추고 싶은 진실들이 있잖아. 가연의 경우에는……."

수정은 소스라칠 만큼 놀랐지만 드러내지 않으려고 애를 썼다. 내색을 하지 않으려고 천연덕스럽게 아이디어를 보탰다.

"그러면 이런 건 어때요? 가연이 더욱 절망에 빠지도록……."

설정이 점점 가혹하게 바뀌었다. 수정은 속으로 아연실색했다. 그러나 어떻게 주워담아야 할지 방법을 찾을 수 없었다. 이미 입 밖으로 나간 말들이 선배의 노트에 빼곡하게 적혔다. 두 사람의 눈이 마주쳤다.

"그런데 수정이 너는, 어떻게 이런 상황을 그렇게 상세하게 알고 있어? 당사자의 심리까지 제대로 파악한 것 같은데?"

수정은 거울을 보며 연습했던 대로 화사하게 웃으며 대답했다.

"친한 사람 중에 그런 경우가 있어서요. 효선이라고, 친한 친구예요."

선배가 그녀의 얼굴에서 눈을 떼지 않은 채 고개를 끄덕였다.

"그래. 그 친구, 많이 아껴주고 보듬어줘야겠구나. 어떤 시인이 시에 써놨더라. 응달에서 자란 꽃의 꽃말이 외로움이라고."

선배의 진심이 느껴졌다. 수정은 화장실에 들러 손을 씻다가 어색한 느낌을 받았다. 선배는 왜 그렇게 내 얼굴을 빤히 쳐다본 것일까. 안경을 벗고 렌즈를 끼니까 인상이 다르게 보여서 그런가?

아르바이트 쉬는 날이어서 밀린 드라마를 몰아서 봤다. 약속시간에 임박해서야 정신이 들었다. 익숙지 않은 렌즈를 끼고 정신없이 화장을 하면서 머리를 손질했다. 지하철역으로 가는데 뭔가 빠진 느낌이 들었다. 입술이며 뺨을 만져봤더니 화장에는 문제가 없는 듯했다. 옷도 제대로 입었다. OK. 그런데……

수정은 거울을 확인하고는 놀라 그 자리에 주저앉을 뻔했다. 눈썹이 반토막이었다. 어제 피부 마사지숍에서 눈썹을 면도하고 다듬었는데, 오늘 나오기 전에 눈썹 그리기를 깜빡한 거였다. 수정은 당황스럽고 창피해서 어쩔 줄 모른 채 멍하니 서 있었다. 그러다 정신을 차리고 가방에서 브러시와 펜슬을 꺼내 눈썹을 그리기 시작했다.

그런데 이런 눈썹을 보고도 그다지 내색을 하지 않는 속 깊은 선배. 수정은 감동을 받은 나머지 울컥했다. 입 밖으로 나간 말들을 굳이 주워담을 필요를, 이젠 느끼지 않아도 될 것 같았다. 오히려 잘된 것인지도 모른다. 선배라면, 모든 것을 이해해줄 사람이라는 확신이 생겼다. 언젠가 다 털어놓아도.

말 통하는 친구가 있다면
행복한 것이다

민재는 젓가락으로 양배추를 한 조각 집어 입에 넣었다. 야끼소바는 면보다 야채의 양이 훨씬 많아 보였다. 윤기가 자르르 흘렀다. 소스가 생각보다 짜지 않아서 마음에 들었다. 게다가 아삭아삭 씹는 식감이 그대로 살아 있었다.

"와! 정말 맛있다."

수정이 음식점 사장에게 허락을 얻어 멋진 인테리어 사진을 찍기 시작했다. 민재는 그 틈을 놓치지 않고 멤버들에게 'B1맨' 이야기를 털어놓았다.

"백화점 지하 1층에서 식판 우동을 먹여놓고는 매일 열 번씩 문자를 보낸다니까. 이것 봐. 괜히 친한 척하면서 '점심은 뭘 드셨냐'는 둥 왜 자꾸 말을 걸어오는지 모르겠어."

수정이 어느새 다가와서는 해결책을 내놓았다.

“차단해버리면 되잖아.”

사진을 찍으면서도 한쪽 귀는 대화 내용에 안테나를 세우고 있었던 것이다.

‘남의 사정이라고 말은 쉽게 하네.’

민재로서는 난감한 일이었다. 아빠의 중요한 거래처 사장의 아들이라서 대놓고 무시했다가는 좋지 않은 결과로 돌아올 것 같았다. 예를 들면 신용카드를 빼앗긴다든가. 자리에 앉은 수정이 다른 남자 얘기를 새삼스럽게 끄집어냈다.

“전에도 비슷한 사람 있었잖아. 만나기로 약속만 잡아놓고 매일 몇 번씩 전화해서 쓸데없는 소리 늘어놓으면서 잘난 척하던 남자. 근데 민재 너는 아무리 급해도 그렇지, 왜 하필이면 그런 사람들만 만나니?”

민재는 자기만의 소중한 공간이, 수정의 진흙투성이 발바닥에 의해 난장판이 된 듯한 느낌을 받았다. 이번에는 받은 대로 돌려주었다.

“뭐가? 너도 전에 소개팅에서 이상한 사람 만났다며? 짧은 치마 입은 여자들이 서빙해주는 요상한 한정식집에 데려가는 바람에 민망했다고 했잖아.”

수정이 째려보는데도 민재는 말을 멈추지 않았다.

“서른 전에 연애해보고 싶어서 이런저런 사람들 만나보는 건데, 그거 잘못 아니잖아? 솔직히 수정이 넌 외롭지 않니? 난 외로운데?”

효선이 손을 들어 말리려는 표정을 지었다. 정인은 그 순간에도 만년필을 꺼내 수첩에 뭔가를 적느라 여념이 없었다. 그런데 수정의 표정이 바뀌며 말투가 부드러워졌다.

“그래. 네 말이 맞아. 널 무시하려고 했던 말은 아니야. 우리, 정말 아

흡수인가 보다."

미영이 나타나는 바람에 어색했던 분위기가 환영 모드로 바뀌었다. 민재는 수정 특유의 독설 섞인 농담에 괜히 과민 반응했던 것 아닌지 후회를 했다. 그러나 한편으로는 차라리 이렇게 참지 말고 그때그때 반응해주는 게 나을지도 모르겠다는 생각도 들었다. 수정에게 잘해주려 한다고 해서, 언제나 져줘야 하는 것은 아니었다.

✳✳✳✳

미영은 혼자였다.

"어? 알렉스는요?"

"게임 서버에 장애가 생기는 바람에 오늘은 못 나온대."

미영은 의미심장하게 웃으며 한마디 덧붙였다.

"민재, 알렉스한테 관심이 많은 모양이구나."

민재가 손사래를 치려는 걸 부둥켜안으면서 이렇게 말해주었다.

"아! 가슴 아프네. 민재는 내 이상형인데……. 내가 좋아하는 민재는 알렉스한테만 관심이 있으니……."

마침 오코노미야끼가 나왔다. 미영은 당황한 민재를 더욱 세게 끌어안았다. 큰 키에 비해 약골인 민재에게 수영으로 단련된 미영의 힘을 당해낼 재간이 있을 리 없었다. 토핑으로 뿌려진 가쓰오부시가 뜨거운 열기에 마치 춤을 추는 것처럼 흔들렸다. 수정이 김이 모락모락 나는 요리에 카메라를 바짝 들이대 사진을 연거푸 찍으면서 일본 드라마의 대사체를 흉내 냈다.

"어이, 어이. 난다요(何だよ, 뭡니까)! 여자 둘이서 그렇게 껴안고 있으면 수상하잖아요? 언니, 정말 그쪽 취향인 겁니까?"

미영은 포옹을 풀어준 뒤 민재의 머리카락을 손가락으로 빗어주면서 말했다.

"난 그쪽이라는 계집애는 몰라. 난 오로지 민재 취향이라니까?"

미영이 입구에서 보니 민재와 수정 사이에 대립이 있는 것 같았다. 허둥대는 효선의 움직임으로 보아 분위기가 악화되던 찰나였다. 나서서 말리려고 들어왔는데 그사이에 끝나버렸다. 눈썰미 있는 수정이 그녀를 먼저 발견하고 덮어버린 것 같기도 했다.

화제가 TV의 남녀 커플 프로그램으로 모아졌다. 민재가 인상을 쓰면서 말했다.

"니들 그런 쓰잘데기 없는 것들 그만 좀 보고 책 좀 읽어라 책 좀. 세상 돌아가는 건 알아야 기득권 세력에게 이용당하지 않지."

정인이 낄낄대며 물었다.

"그러는 너는? 너는 드라마 안 보니?"

민재가 단호하게 말했다.

"당근, 안 보지."

미영이 직장생활을 거쳐 창업까지 하면서 깨달은 것 하나. 보면 볼수록 예뻐지는 후배가 있는가 하면, 휴가까지 써서 튜닝을 하고 나타났는데도 오히려 보기 싫어지는 후배도 있다.

20대에는 얼굴만 예뻐도 먹힌다. 하지만 서른 무렵이 되면 사정이 달라진다. 얼굴에 생각이나 마음가짐이 반영되기 시작한다. 그 결과, 행

복한 여자는 모두가 부러워할 만큼 예뻐진다. 반대로 못된 여자는 심보
가 표정으로 언뜻언뜻 나타날 수밖에 없다.

정인이 말했다.

"어제 우리 회사 앞에서 드라마 찍던데. 그 남자가 있더라. 작년에 의
학 드라마에 주인공으로 나왔고 얼마 전에는 검사로 나왔던 사람……."

민재가 그것도 모르냐는 투로 내뱉었다.

"정민우잖아."

일동 어이 상실.

"안 보기는~ 개뿔."

민재는 역시 모임 때마다 '민재적 상황'을 연출해 즐거움을 선사한
다. 연말 여행을 같이 가자는 제안을 미영은 거절했다.

"나는 연말에는 늘 바빠. 그냥 너희들끼리 좋은 추억을 만드는 게 낫
겠어."

여행지를 놓고 아이들끼리 의견이 갈렸다. 정인이 괌이나 사이판처
럼 가까운 데로 가자고 한 반면, 민재는 일주일의 일정으로 스페인에
다녀오자고 했다. 효선은 어디든 좋다는 쪽이었다. 수정은 아무 말 없
이 듣기만 했다. 결국 결론을 내지 못했다.

당신이
아파서 울던
늦은 밤

마음의 브레이크

수정은 사뿐사뿐 페달을 밟아 앞으로 나아갔다. 곧게 뻗은 자전거도로를 따라 곳곳에 벚꽃이 피어 있는 게 보였다. 진짜 봄이다. 마주 오던 바람이 그녀에게 길을 내어주는 것 같았다. 바람을 가른다는 게 이런 의미일 것이다.

"으랏차차!"

그녀를 추월한 MTB 아저씨들이 속도를 내기 시작했다. 수정이 눈을 가늘게 뜨고 보니까 멀리 오르막이 끝모르게 이어져 있었다. 아저씨들은 평지에서 낸 속도를 발판 삼아 빠르게 언덕 위를 타고 오르려는 것 같았다. 수정에게 그럴 자신은 없었다. 그녀는 자전거를 세우고 잠시 망설였다.

'어떡할까? 끌고 올라갈까?'

옆의 올림픽도로에선 자동차들이 맹렬한 속도로 질주하고 있었다.

간단하게 포기했다. 이 정도면 한강 자전거도로 서울 끝까지는 온 것 같았다. 집에 돌아가면 스물아홉 버킷리스트에서 또 하나 지울 게 생겼다.

자전거 타고 서울 끝까지 가보기.

느릿느릿 돌아오다가 잠실철교 근처에서 괜찮은 그림거리를 발견했다. 어떤 남자가 교각 밑에 서서 물끄러미 한강을 바라보고 있었다. 수정은 재빨리 자전거를 세우고 카메라를 꺼냈다. 적당한 거리까지 다가가서 연속으로 몇 컷을 찍었다. 흐뭇해서 웃음이 나왔다.

청담대교 밑을 지날 때 전화벨이 울렸다. 형식 선배였다. 어제 밤늦게까지 시간을 뺏은 게 미안했다는 얘기였다. 기분 좋은 매너. 둘이 얘기했던 내용대로 대본을 고쳤는데 이메일로 보내줄 테니까 괜찮은지 봐달라고 했다.

"의견은 메일로 보내줘."

이건 사무적인 태도……. 자전거의 급브레이크를 잡은 것처럼, 수정의 마음에도 브레이크가 걸렸다. 그녀의 브레이크는 민감했다. 누군가와 친해질 만하면 브레이크가 작동했다. 때로는 신경이 곤두서는 의심 때문에, 때로는 좋지 않은 결과가 미리 보이는 것 같아 차갑게 거부했다. 대학 때는 수정의 까칠함에 매력을 느낀 몇몇 남자가 다가오기도 했지만 틈을 허용하지 않는 그녀에게 가까워질 방법을 찾지 못했다.

형식 선배가 편안한 목소리로 말했다.

"아니다. 시간 되면 이따 저녁 때 만나는 거 어때? 맛있는 거 사줄게. 이젠 방송 얼마 안 남았잖아. 나, 가끔 떨려. 그래도 널 보면 마음이 편해지니까……."

수정의 브레이크가 이내 풀렸다. 어리석어야 비소로 사랑이 시작된다는 게 맞는 말 같다.

수정은 다른 사람이 그녀의 마음을 짐작하는 게 싫었다. 누군가가 이유 없이 그녀를 보고 웃을 때면 속으로 움찔했다. '너, 내가 다 알고 있는데……' 하는 득의에 찬 웃음 같아서였다. 그나마 MJ모임 친구들은 그러려고 하지 않아서 다행이었다. 친구들이 형식 선배와의 일을 마뜩치 않게 여기는 게 답답하고 억울하긴 하지만.

수정은 압구정동 방향으로 힘차게 페달을 밟았다. 빨리 가서 원고도 읽어보고 외출 준비도 해야 한다. 고민이 시작됐다.

오늘은 뭘 입고 나가지?

****

정인의 휴대폰이 SNS 신호음을 냈다. 민재가 정인에게만 보낸 거였다.

나, 모임에서 빠져버릴까?

또 이런다. 작년에도 싸우고 그 난리를 치더니. 정인은 짜증이 났다.

왜?

다들 나 안 좋아하는 것 같고. 그냥 기분이 좀 그래. 만나기만 하면 수정이 때문에 피곤하고…….

조금 전에 마친 편집회의에서는 입사 3년차 후배가 장마녀와 콤비를 이뤄 정인의 신경을 긁었다. 정인이 모처럼 지지해준 다른 팀원의 아이디어에 이런 식으로 말하는 것이었다.

"정인 선배는 이쪽 작가들 잘 모르시잖아요? 아이디어 수준에서 작가를 찾아갔다가는 서로 시간 낭비하는 경우가 많아요."

가관은 장마녀의 거들기였다.

"그건 정인 씨가 고상한 소설가들하고만 일하다 보니까 그쪽 관행에 젖어서 그렇다고 이해해줘야지. 이쪽 분야 작가들은 기획안으로 제안 받는 걸 좋아하는 경우가 많으니 그렇게 준비해봐."

회의 내용보다 그들의 말투가 귀에 거슬려 가뜩이나 안 좋던 기분이 더 우울해졌다. 퇴근하려고 엘리베이터를 탔다가 망신살까지 뻗쳤다. 뒤쪽에 서 있던 사람들이 전부 내렸을 거라 생각해 나오는 트림을 굳이 참지 않았다. 아니, 참지 않았다기보다는 적극적으로 밀어냈다.

"꺼억~."

뒤에서 약간의 공기 파동이 느껴졌다. 돌아보자, 코와 입을 막고 있어 웃는 것인지 찡그린 것인지 확인하기 어려운 두 남자가 서 있었다. 아! 이제 출퇴근 때 엘리베이터 어떻게 타나.

오피스텔에 누워 책을 읽다가도 짜증 나는 상사와 신경 긁는 후배의 말투가 머릿속에서 사라지지 않았다. 엘리베이터에서 실수를 한 것도 그랬다. 좋지 않은 감정들이 머릿속에서 범벅이 되었다. 올 들어서는 되는 일이 없다. 노력이 부족한 것일까?

정인은 벌떡 일어나 노트북 컴퓨터를 열고 오늘 있었던 얘기들을 쓰기 시작했다. 언젠가는 어느 대목에서 써먹을 수 있을 것 같았다.

휴대폰에서 신호음이 울렸다.

이번 주말에 쇼핑 갈 사람?

수정이었다. 전에는 웬만하면 청바지 차림이었는데, 요즘 들어 자꾸 옷에 신경을 쓴다. 화사한 새 옷을 입고 모임에 나온다. 선배라는 사람 한테 단단히 빠진 것 같다.

애들과 어울리다 보면 기분이 좋아진다. 순수했던 시절의 추억을 공유하는 친구들이기 때문에 마음이 편해지는 것 같다. 수첩에서 컴퓨터로 옮긴 내용에도 그런 부분이 있다.

효선이 예전에 모임에서 했던 말이다. 이토록 멋진 표현까지 툭툭 던져주는 친구들이니까 정인에겐 더욱 소중할 수밖에 없다.
정인은 눈을 감고 마음의 리셋 버튼을 눌렀다.
다시, 시작해보는 거야.

이가 나가서
더욱 가치가 있는 접시

　　　　　　　모처럼 **효선** 부부만 남은 주말이었다.
옆동에 사는 시어머니는 친구분들과 함께 대만 온천여행 중이었다.

"교외에 나가서 오붓하게 점심 먹을까?"

남편이 효선에게 물었다. 남한산성의 식당에서 나물 비빔밥을 먹었다. 산책 삼아 수어장대까지 쉬엄쉬엄 올라갔다. 산성 아래로 서울의 봄이 너르게 펼쳐져 있었다. 남편이 끙 하는 소리와 함께 기지개를 켰다. 일주일간 쌓인 피로를 쫓아내는 일종의 의식처럼 보였다.

효선은 몇 번을 망설이다가 수어장대의 안내문을 읽고 돌아서는 남편에게 용기를 내어 물었다.

"자기 혹시, 돈 좀 가진 거 있어?"

남편이 고개를 갸웃거리며 되물었다.

"돈? 얼마나?"

그녀는 바로 후회했다.

"아냐. 됐어."

남편에게 돈이 있을 리 없었다. 결혼 전에 이미 월급통장을 효선에게 맡긴 순진한 남편이었다. 시어머니에게 몰래 용돈을 타는 것 같지도 않았다. 남편이 화장실에 간 사이 효선은 막막한 심정으로 하늘을 올려다보았다. 어디서 돈벼락이라도 떨어져주었으면…….

어제 통화를 했을 때, 효선이 아무리 설명을 해도 엄마는 알아듣지 못했다. 여유가 없다는 말을 믿지 못하는 것이었다. 시어머니가 며느리에게 돈을 마구 집어줄 거라고 생각하는 걸까.

동생의 책값과 학원비가 많이 들어 어찌해야 할지 모르겠다는 푸념이 거듭됐다. 친구의 변호사 아들 자랑에 자극을 받아 회사 잘 다니던 동생에게 바람을 넣은 것도 엄마였다. 왜 멀쩡한 직장부터 그만두게 한 것인지…… 회사 다니면서 밤에 학원 다니는 애들도 적지 않은데.

진짜 비상금이 어느 정도 있긴 하다. 하지만 그건 정말 안 된다. 효선의 마지막 보루다. 처음엔 그런 가능성을 염두에 두기도 싫었다. 그러나 어떻게든 살아보려는 날갯짓이 완강한 현실에 무참하게 꺾여버릴 때면 그녀가 맞이할 수 있는 최악의 상황이 자기도 모르게 눈앞에 펼쳐지듯 나타나곤 했다. 효선은 그 돈만은 마지막 보루로 남겨두기로 결심했다. 삶의 막다른 길목에 도달했을 때 그 돈을 여행경비 삼아 가고 싶은 곳에 갈 생각이다.

돌아오는 길에 주유소에 들렀다. 유니폼 조끼 차림의 할아버지가 밝은 표정으로 주유를 해주었다. 그녀의 아빠보다 연세가 훨씬 들어 보였

는데도 활기가 느껴졌다. 아빠는 아직 예순이 안 됐다.

효선은 집에 돌아와 드레스룸부터 열었다. 가방들을 보면서 자기도 모르게 한숨을 내쉬었다. 이번엔 또 어떤 것들을 몰래 내다 팔아야 하는지. 어쩔 수 없었다. 새것, 비싼 것부터…….

그러다가 화들짝 놀랐다. '몰래'의 느낌이 어쩐지 '도둑질'과 닿아 있는 것 같아서였다. 분명 효선 소유의 물건들이다. 그런데 몰래 갖고 나가서 팔아야 한다니……. 그녀는 가벼운 현기증을 느꼈다.

지하주차장에 차를 세워놓고 올라온 남편의 기척이 들렸다.

'아예 속 시원하게 털어놓을까?'

그러나 바로 포기했다. 지금보다 두려운 일이 생길 것 같았다. 혹시 이런 말을 듣게 되는 것은 아닐지.

'너, 이러려고 나랑 결혼했던 거야?'

거실에서 남편이 찾았다.

"어디 있어?"

효선은 고개를 돌려 밝은 목소리를 짜냈다.

"드레스룸! 나, 오늘 친구들하고 저녁 좀 먹고 싶은데 그래도 될까?"

친구들을 만나 실컷 떠들면, 잠깐이나마 숨을 돌릴 수 있을 것 같았다. 그보다도, 민재와 수정을 이대로 두어선 안 될 것 같았다. 모임이 깨지기라도 하면……. 남편이 그러라고 했다. 효선은 미영 언니를 제외한 친구들에게 문자를 보냈다.

오늘 저녁, 번개할까?

✳✳✳✳

정인은 민재가 예약한 음식점에 가장 먼저 도착했다. 효선도 딤섬을 먹어보고 싶다고 해서 약속장소로 중국 음식점을 정했다. 전에 갔던 딤섬 전문점만큼은 아니었지만 꽤 유명한 곳이라고 했다. 테이블 가운데 놓인 조그만 안내문이 정인의 눈에 들어왔다. 정인은 그 문구를 읽다가 수첩에 옮겨 적었다. 가장 늦게 나타난 수정이 불평을 했다.

"이거 뭐야? 찻주전자가 누렇잖아. 이것 봐! 찻잔도 금이 가고, 이가 나가고……."

효선이 수정에게 읽고 있던 안내문을 넘겼다.

"중국에서는 이가 빠지거나 금이 간 찻잔과 접시가 환영을 받는대. 오랜 전통의 상징이기도 하고, 이렇게 틈이 있어야 복이 들어온다네?"

민재도 한마디 했다.

"내 찻잔이 가장 허름하니까 이 중에선 내가 최고로 복을 받겠구나."

모임에서 빠지겠다고 했던 건, 정인이 자기를 어떻게 생각하는지 알고 싶어서였던 것 같았다.

정인은 매니저에게 물어 와인을 주문했다. 이야기가 한 바퀴 돌았다. 수정이 도와주고 있는 형식 선배의 드라마 작업은 포인트를 제대로 잡아 순항 중이었고, 민재는 저번에 만났던 'B1맨'의 메시지를 묵묵히 씹고 있으며, 효선은 남편과 함께 남한산성에서 봄의 정취를 만끽했다.

모두 와인의 취기에 얼굴이 발그레해졌다. 정인은 친구들의 눈치를 살피다가 마음에 두었던 말을 조심스럽게 꺼내놓았다.

"우리 모두, 서로에게 조금만 더 너그러워졌으면 좋겠어."

효선이 마치 연습이라도 한 것처럼 정인의 바통을 이어받았다. 술이 약한 효선은 조금 풀린 혀로 말했다.

"맞아. 너희 둘, 서로 좋아하면서 왜들 그래? 응? 국토대장정에서부터 제일 친했잖아. MJ클럽을 만들자고 막 떠들었던 것도 너희 둘이고."

민재와 수정은 눈이 마주치자 고개를 돌렸다.

"뭐가 잘났다고 수줍어해? 자! 악수하고……. 건배!"

술 취한 효선이 깔깔 웃으면서 분위기를 주도했다. 효선의 취한 모습을 보는 건 꽤나 오랜만이었다. 정인은 공교로운 일이라고 생각하며 속으로 웃었다. 수정과 민재를 함께 만나 화해의 자리를 주선해볼 생각이었다. 하지만 괜히 긁어 부스럼 만드는 것은 아닌지 걱정이 되기도 했다. 그런데 효선이 만든 번개에서 이렇게 자연스럽게 풀릴 줄이야.

하긴, 효선의 입장에선 그럴 만도 했다. 따로 만나는 친구가 없으니 이 모임이 간절할 터였다. 어쨌든 또 한 번의 고비를 넘긴 셈이다. 정인은 수첩에 썼던 부분을 펼쳐보았다. 마지막 줄에 이런 내용이 있었다.

이가 나간 접시. 틈이 있어야 복이 들어온다는 말. 사람 사이에서도 마찬가지일까?

사람 사이의 틈이란?

정인은 만년필 뚜껑을 열고 그 밑에다 간단하게 썼다.

그러면 그런대로, 그냥 두고 지켜봐주기?

"그래! 먹자!"

효선이 와인 잔을 치켜들고 건배를 외쳤다. 정인은 와인 잔을 들며 서른이 되어가는 자신 역시, 이 나간 자리가 하나둘 생기는 접시와도 비슷하겠다는 생각을 했다. 그러나 이가 나갔다고 함부로 버려지는 접시가 되고 싶지는 않다. 이가 나가고 금이 갈수록 더욱 가치가 오르는 접시가 되고 싶다.

남자들은 뭘 믿고
여유를 부릴까

　　　　　　　　　"우리, 한 달 된 것 아시죠? 혹시 잊으셨을까 봐요."

민재는 기억하고 싶지도 않았다. 아침부터 B1맨의 전화를 받고 '오늘도 설마' 하는 예감이 들었다. 그 남자의 전화를 받고 나면 꼭 재수가 없었다. B1맨은 민재가 문자에 반응하지 않자, 며칠 전부터 전화를 걸어오기 시작했다. 받지 않으면 시간 단위로 걸어오는 바람에 더 귀찮았다.

한 달 됐다는 그가, 한 달 기념으로 만나 맛있는 저녁을 먹자는 것도 아니다. 보름 전에도 '보름 된 것 아시죠?'였고, 그 전에는 문자로 '일주일 된 것 잊지 않으셨죠?'였다. 언제 사귀기나 했나?

아침의 '오늘도 설마' 예감은 적중했다. 저녁 무렵 소개팅에서 만난 남자는 위아래로 기분 나쁘게 훑었고 그 눈길이 지나가는 곳마다 벌레가 기어가는 느낌이었다. 게다가 이토록 재미없는 사람은 처음이었다.

마치 '재미없음'을 연습할 수 있다면 이 남자처럼 될 것 같았다.

민재는 슬퍼졌다. 왜 이런 사람만 만나게 되는지 알 수 없었다. 맞다. 아홉수였다. 새해맞이하고 반도 지나지 않았는데 벌써 진절머리 나는 스물아홉. 실제 나이는 스물여덟이라지만 친구들과 함께 아홉수에 들었음이 틀림없었다. 혹시 멋진 사람과 와인 한잔하지 않을까 하는 기대로 차를 두고 나온 것도 잘못이었다. 남자는 괜찮다는데도 굳이 바래다주겠다고 했다. 지하철로.

이 사람은 처음 만난 여자를 지하철로 바래다주는 게 실례라는 사실조차 깨닫지 못하는 것 같았다. 처음 본 남자에게 환한 지하철 안에서 마주보며 자기 얼굴을 낱낱이 보여주고 싶은 여자가 세상 어디에 있을까.

민재는 키까지 비슷한 남자의 얼굴이 금방이라도 닿을 것만 같아 이리저리 밀리는 와중에도 다리에 힘을 잔뜩 주고 버텨 섰다. 그러다가 발견했다. 아, 짜증! 남자의 코에서 코털이 한 가닥 나와 있었던 것이다. 서른이 넘은 남자 중 솔로는 정녕 이런 남자밖에 안 남은 것일까?

작년 말에 만났던 동갑내기를 어떻게든 붙잡았어야 했다. 괜찮게 생긴 데다 유머감각도 있었다. 다만 느물거리는 게 흠이었다. 그래서 애프터는 정중하게 거절했었다.

그러고 보니까 남자들은 비슷한 나이에도 여자들보다 느긋하고 여유가 있다. 나이가 들어도 젊은 여자를 얼마든 만날 수 있다는 자신감 때문일 것이다. 아무리 결혼을 늦게 하는 게 요즘 추세라고 해도 여자 나이 서른이 넘고 나면 값어치가 뚝뚝 떨어진다는데.

민재는 지하철에서 내려 남자에게 진심 어린 작별 인사를 했다. "오늘 즐거웠다"는 남자에게 뭐가 즐거웠는지 묻고 싶은 마음도 있었다.

하지만 그랬다가는 남자의 대단한 유머감각이 지하철역을 통째로 꽁꽁 얼려버릴 것 같아서 "아. 네" 하고는 말았다.

집에 와서 휴대폰을 보니까 그 사이에 친구들끼리 SNS를 주고받은 게 있었다. 미영 언니가 고객사의 임원들과 해외 법인을 방문하게 되어 이번 모임에는 불참한다고 했다. 민재는 화장을 지우면서 문자를 입력했다.

언니, 대타로 알렉스를 보내주는 거 잊으시면 안 돼요. 이참에 아예 알렉스를 우리 모임의 깍두기로 영입하는 것도 좋겠어요.

그렇게 된다면 더 즐거운 모임이 될 것 같았다.

＊＊＊＊

효선이 도착했을 때 불고기 전문점의 예약석에는 민재와 알렉스, 수정이 앉아 있었다. 그런데 분위기가 묘했다. 민재는 알렉스와 심각한 표정으로 얘기를 하고 있었고, 수정은 카메라 뒷면의 LCD로 사진을 보는 것 같았다. 효선은 다가가서 알렉스에게 인사를 건넸다.

탁자 위를 보니까 묘한 분위기의 내막을 바로 짐작할 수 있었다. 민재가 요즘 대세라는 교수의 한국경제 비판서를 앞에 올려놓은 채였다. 가끔 그런 책을 들고 와서는 친구들에게 "책 좀 보고 세상을 바로 알자" 더니 오늘은 알렉스와 더불어 그런 모드였다.

효선이 수정의 사진을 구경하는 사이 민재와 알렉스의 대화가 다시 이어졌다.

"이 책에선 신자유주의를 자꾸 비판하는데요. 신자유주의는 좋은 것 아닌가요? 자유를 강조하는 게 왜 나쁘다는 것이죠?”

알렉스가 설명을 해주었다.

“자유를 강조하는 건 맞는데요. 경제 쪽으로 포커스가 맞춰진 게 신자유주의지요. 정부의 개입을 최소화하고 시장개방과 자유무역, 국제적 분업을 촉진하자는 겁니다. 세계화라는 것도 신자유주의의 산물이죠.”

수정이 알렉스에게 말했다.

“미영 언니가 없는데도 이렇게 나와주셨네요.”

알렉스가 머리를 긁적이며 대답했다.

“그냥…… 궁금하기도 하고 그래서…….”

수정이 눈을 날카롭게 빛내며 말꼬리를 잡았다.

“궁금하다뇨? 누가요?”

알렉스에게 당황한 기색이 역력하자 한 번 더 물었다.

“우리 중에 누가요?”

그때 정인이 서점 봉투를 들고 와서 효선에게 내밀었다.

“생일 축하해. 네 취향에 맞을 만한 소설들을 고르느라 좀 늦었어.”

민재가 벌떡 일어났다.

“아! 선물 포장 맡겨놓고는 깜빡했네. 가서 찾아올게.”

알렉스도 놀라서 효선에게 물었다.

“오늘이 생일이었나요?”

효선은 손을 내저으면서 말했다.

“아뇨. 어제였어요. 신경 쓰지 마세요.”

민재와 알렉스가 자리를 비우자, 수정이 기다렸다는 듯 험담을 했다.

“민재, 아까 그 책, 읽어보지도 않았을 거야. 읽었다면 어떻게 신자유주의가 뭔지도 모를 수가 있겠어. 인터넷에 누가 올린 글을 날림으로 봐놓고는 읽은 척하는 거겠지. 샴페인 좌파 흉내 내느라 고생이 많네. 말로는 서민들 위한다면서 자기 옷만 사고, 세상을 바꿔야 한다고 떠들면서 자기는 비싼 거 먹으러 다니고 말이지. 한마디로 시류에 편승한 자기모순의 대명사라고나 할까? 하여간 웃겨.”

효선은 민재를 위해 변명을 해주고는 싶은데 뭐라고 해야 할지 딱히 생각이 나지 않았다. 정인이 어느새 수첩과 만년필을 꺼내 메모를 하고 있었다.

“오늘도 하나 건졌네.”

효선은 그런 정인에게 위화감을 느꼈다. 언제는 다투지 말자고 하더니 오늘은 즐기는 것 같다. 당사자 없는 자리의 험담이라 괜찮다는 것인지.

잠시 후 돌아온 알렉스가 불고기를 뒤집는데, 민재가 첫사랑 얘기라도 해달라고 졸라댔다. 전에 만났을 때 여자친구 있냐는 질문에는 웃기만 할 뿐 대답을 하지 않았던 알렉스였다. 그는 잘 익은 고기를 효선에게 먼저 담아주면서 입을 열었다. 하지만 짧은 몇 마디가 전부였다.

“안타까운데 제가 해줄 수 있는 게 없어서요. 그래서 더 마음 아프고……. 그렇죠, 뭐.”

그건 지금 사랑하는 사람이 있다는 말이었다. 그걸 깨달은 민재의 표정이 티나게 변했다.

아팠던 기억이 되살아나
나를 아프게 할 때

수정은 지하철역 계단을 올라 환승버스를 기다리는 퇴근길의 직장인 무리와 마주쳤다. 아직은 을씨년스러운 밤바람을 등지고 구부정하게 선 그들의 뒷모습으로 인해 코끝이 찡할 때가 있다. 말 그대로 '수고하고 짐진 자들'이다.

수정은 카메라의 조리개를 최대 개방해 셔터 스피드를 확보하고 우울해 보이는 그들 무리를 여러 차례 찍었다. 많이 흔들렸지만 흑백 전환하면 생동감이 강조되겠다 싶었다.

아르바이트에서 돌아오는 길이다. 수정은 철이 들 무렵부터 아르바이트와 함께 살아왔다. 재수를 할 때에도 알바는 쉰 적이 없었다. 알바는 가장 친숙한 그녀의 일부였다. 왜 취직을 하지 않느냐고 물어보는 사람도 있었다. 드라마 작가 준비를 해왔기 때문이기도 하지만 조직생활이 싫어서이기도 하다. 한곳에서 1년 넘게 일한 적도 있던 경험에 비취보면 조직생활 자체에 적응을 못 하는 것 같지는 않다. 수직관계는 몰라도 수평적인 조직생활은 즐겁게 했다.

집에 도착했다. 현관의 번호 키를 누르려는데 안쪽에서 누군가가 목소리를 높였다.

"이번 한 번만 더 도와달라는 거잖아!"

오랜만에 듣는 목소리, 아버지라는 사람이었다. 엄마는 묵묵부답. 곧이어 은근하게 달래는 목소리.

"정훈이 입학금 내준 건 고마워. 고맙고. 정훈 엄마 사업 한 번만 더 도와줘. 수정 엄마 고생하는 건 내가 잊지 않을게."

그랬던 거였다. 외고에 합격했다는 정훈이 학비를 걱정하더니…….
저러려고, 저렇게라도 남편이라는 사람의 환심을 사보려고…….그래놓고는 반찬 하나 제대로 해먹지 못하면서…….

수정은 화가 치밀어 머리 위로 뿜어 나올 것만 같았다. 철제 현관문을 부수고 싶었다. 구둣발로 힘껏 찼다.

쾅.

또 한 번, 쾅.

문이 안쪽으로 떨어져 저런 소리나 하는 사람을 덮쳐버리게 쾅.

"수정이니?"

안에서 놀란 엄마의 목소리가 들렸다. 수정은 한 번 더 찼다.

쾅.

그러고는 몸을 돌려 계단을 정신없이 뛰어내려갔다. 뒤에서 문이 열리고 부르는 소리가 들렸다.

"수정아! 수정아!"

수정은 한달음에 아파트 상가를 지나쳐 전철역 쪽으로 달려갔다. 수정은 취직 노력을 해보지도 않았던 마음속 깊은 곳의 이유를 비로소 깨달았다. '조직생활이 싫어서'는 자기합리화였다. 사실은, 가족관계 서류를 누군가 보고 떠들까 봐 두려웠던 것이었다. 회사 사람들이 '내가 널 좀 아는데……' 하는 눈으로 보게 될까 봐.

아르바이트는 그런 부담이 없다. 시시콜콜 가족까지 드러낼 필요가 없어 홀가분했다. 혹시라도 누가 뭐라고 하면 쿨하게 그만둬버리면 끝이다.

수정이 초등학교 6학년 때였다. 엄마가 곱게 차려 입고 집을 나섰다. 혼자 라면을 끓여먹고 하루를 버틴 수정은 저녁 무렵 돌아온 엄마에게 치킨을 사달라고 떼를 썼다. 평소에는 웃으면서 잘 받아주던 엄마였다. 하지만 엄마는 그날, 말없이 매를 들었다. 어린 수정은 울며불며 싹싹 빌었다. 매질이 이어졌다. 엄마 치맛자락을 잡고 매달린 딸이 마침내는 쉰 목소리로 애원을 했다.

"엄마, 엄마~."

그래도 매질은 멈추지 않았다. 엄마의 힘이 빠져 팔을 들어 올릴 수 없을 때까지 매질이 거듭됐다. 팔을 축 늘어뜨린 엄마는 안방으로 들어가 이불을 뒤집어쓰고 누웠다. 어린 수정은 자기가 말을 안 들어서, 엄마가 속이 상해서 아픈 거라고 생각했다. 하지만 매질이 무서워서 엄마 근처에는 가지도 못한 채 저녁을 쫄쫄 굶은 채로 잠이 들었다.

다음 날, 간신히 몸을 추스른 엄마가 수정의 멍투성이 몸에 약을 발라주며 눈물을 훔쳤다. 수정은 엄마에게 고맙고 미안해서 다시 엉엉 울며 쉬어터진 목소리로 다짐을 했다.

"이젠 말 잘 들을게. 숙제도 잘 할게. 그러니까 엄마, 아프지 마. 응?"

며칠 동안 누워만 있던 엄마가 병원에 다녀왔다. 엄마는 그 이후로 가끔 정신과 처방 약을 먹었다. 오늘 역시 엄마는 서랍을 열고 약을 꺼낼 것이다.

엄마가 왜 아팠는지, 어릴 때에는 몰랐다. 시간이 흘렀고, 어느 날 불현듯 알게 되었다. 엄마가 곱게 차려 입고 나간 게, 남편을 빼앗아간 정훈 엄마라는 사람을 만나기 위해서였다는 것을. 정훈 엄마 역시 다른 여자들로 인해 골머리를 앓으며 죗값을 치르고 있다고 나중에 외숙모가 엄마에게 얘기하는 걸 들은 적도 있다.

하지만 스물한 살 무렵의 수정에게는, 아버지라는 사람보다 더욱 이해할 수 없는 이가 엄마였다. 그렇게라도 남편 있는 여자, 문제 없는 여자처럼 살고 싶었던 것일까. 엄마보다는 여자로 살아가기를 원해서 마침내는 딸까지 희생시켜가며 그 딸의 아픔을 외면했던 것일까. 국토대장정을 떠날 무렵의 일이었다.

어릴 때 살던 동네는 좁은 바닥이었다. 금방 소문이 났다. 어떤 아이들은 노골적인 경멸의 눈빛을 보이기도 했다. 수정은 그런 눈길이 자신에게 머무는 것을 용납하지 않았다.

아버지에게 버림을 받았을 때, 이미 그녀에겐 뒤로 물러설 곳이 없는 거나 마찬가지였다. 수정에게는 선제공격만이 있을 뿐이었다. 늘 까칠해야 했고 다가오는 사람은 매정하게 밀쳤다. 괜히 마음을 열었다가 배신당하면, 그땐 정말 살 수 없을 것 같았다. 좋아질 것 같았던 사람의 손길을 모질게 뿌리칠 때마다 가슴이 아려왔다. 아픈 만큼 엄마가 미웠다. 또한 엄마가 불쌍하기도 했다.

흠칫 놀라 주변을 돌아보니까 집에서 한참 먼 곳까지 와 있었다. 수정은 가방을 뒤져 형식 선배에게 전화를 걸었다.

선배의 전화기는 꺼져 있었다.

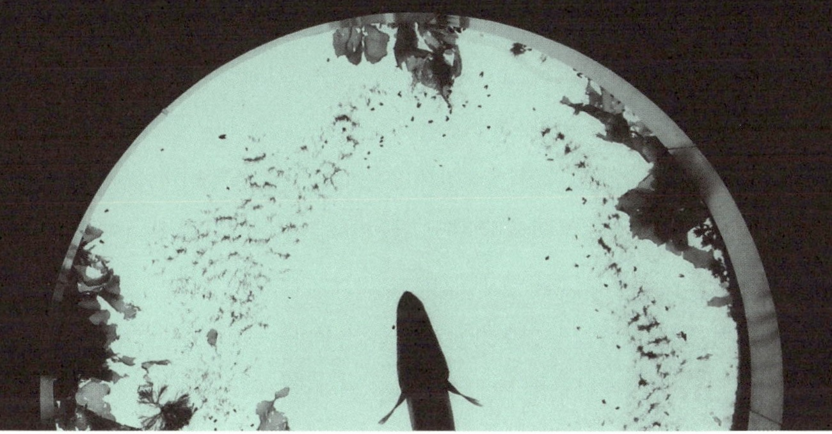

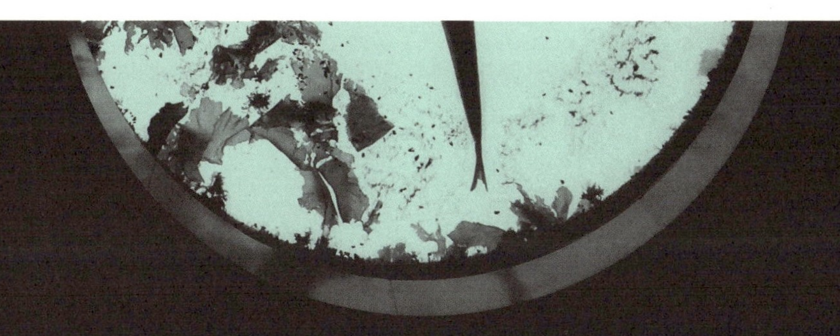

'사나운 개' 같은
남자를 원해요

노력으로 이룰 수 없는
사랑도 있다

눈 빠른 매니저가 슬며시 자리를 피했을 때 알아봐야 했다. 수정은 후회했지만 아줌마와 이미 눈을 마주친 후였다. 사나흘에 한 번꼴로, 그것도 마감시간 즈음에 나타나는 40대 아줌마.

수정은 백화점 명품 매장에서 아르바이트 중이다. 영어를 좀 한다는 특기를 살려 성수기 면세점에서 알바를 해본 경험으로 소개를 받았다.

아줌마가 수정에게 다가와 물었다.

"새로 들어온 라인 있죠? 좀 보여줘요."

신제품이 입고되었다는 정보에도 귀신처럼 빠르다. 수정은 매뉴얼대로 맞이하며 하얀 면장갑을 꼈다. 가방을 받아든 아줌마의 길고 뾰족한 손톱이 눈에 들어왔다. 가죽에 스크래치라도 낼까 봐 조마조마했다. 알바 수입을 몇 달 동안 열심히 모아야 욕심을 부려볼 수 있는 가방이다. 매니저는 안쪽에서 숨죽여가며 바깥 동향에 촉각을 곤두세우고 있을 것이다. 잘못되면 수정에게 책임을 추궁하겠지만.

아줌마는 가방을 샅샅이 훑으며 트집을 잡았다. 생각만큼 예쁘게 나오지 않았다는 것이었다. "아! 그렇습니까?" 하고 응대해주자 높은 안목을 인정받은 게 만족스러운지 다른 매장으로 걸음을 옮겼다. 그게 아줌마의 격조 있는 취미생활이었다.

퇴근을 하면서 보니까 옆 매장 여자애가 수정의 옆을 지나쳐 뽀로로 뛰어갔다. 남자가 차에 기대어 꽃다발을 들고 있다가 여자애를 맞이했다. 노는 티가 줄줄 흐르는 남자를 만나는 그녀가 안타까웠다. 하지만 한편으로는 부러웠다. 형식 선배한테도 저런 걸 한번 받아보고 싶다.

저번 모임에서 효선이 알렉스한테 받은 커다란 꽃다발이 생각났다.

효선. 중학교 때 같은 반이었던 적은 없지만 워낙 유명해서 얼굴은 알고 있었다. 선생님들 사랑을 독차지하던 애였다. 그때도 동질감을 느꼈다. 마치 자석의 같은 극끼리 서로를 밀어내듯, 인간도 너무 같은 부류끼리는 척 보면 굳이 확인해볼 필요도 없이 거리를 두게 되어 있다. 그게 안 좋은 쪽으로 같다면.

수정은 국토대장정에서 효선을 다시 만났을 때 확신했다. 잘 웃고 친절하며 천사처럼 남들을 위해주지만, 효선은 어쩔 수 없이 수정과 같은 부류였다. 그런데 효선이 갑자기 번개를 치고 술기운을 빌려서까지 민재와 억지로 화해 무드를 만들어준 것은 의외였다. 어쨌거나 그 이후로는 민재와 직접 부딪히는 건 조심하고 있다.

선배는 먼저 도착해 태블릿 컴퓨터로 원고를 보고 있었다. 그날 밤 수정이 전화를 걸었을 때 선배는 피트니스센터의 사우나에 있었다고 했다. 다음 날 아침 일찍 전화로 "무슨 일 있니?" 하며 물어온 선배에게 수정은 "그냥 좀 힘들었다"고 잠긴 목소리로 대답했다.

선배가 다가서는 수정을 발견하고는 태블릿 화면을 끄면서 밝게 웃어주었다. 수정은 무방비의 그 웃음을 보는 것만으로도 우글쭈글했던 기분이 시원하게 펴지는 느낌을 받았다. 꽃다발 같은 건 필요 없었다. 선배의 부드러운 웃음만 독차지할 수 있다면.

"뭐 먹을까? 네가 먹고 싶은 건 뭐든지 골라도 돼."

수정의 휴대폰이 부르르 떨며 신호음을 냈다. 친구들이 SNS 대화를 시작한 거였다. 수정은 설정을 바꿔 신호음을 차단시켜 놓았다. 지금은 그런 쓸데없는 일에 신경 쓸 여유가 없었다.

생각하고 보니 그랬다. 어쩌면 MJ클럽 모임 자체가 의미 없이 떠들며 보내는 시간낭비인지도 모르겠다는.

＊＊＊＊

엄마가 또 전화를 해서 선을 보라고 했다. '싫다'는 정인과 '정말 괜찮은 사람'이라는 엄마의 줄다리기가 이어졌다. 똑같은 말이 지루하게 반복된 끝에 엄마의 고질적인 입버릇이 나왔다.

"너는 대체 왜 그러니? 네 언니는……."

엄마가 이렇게 나오면 정인에게도 방법이 있다.

"여보세요? 안 들리네."

전화를 끊어버렸다. 엄마가 다시 걸어왔지만 소리를 죽여놓고 받지 않았다. 언니의 진짜 얼굴을 안다면 엄마도 저렇게까지는 싸고돌지 않을지도 모른다. 아니, 엄마는 상관이 없을 것이다. 세상에 그렇게 예쁘고 똑똑한 딸이 없을 테니까.

사람들이 아는 언니와, 정인이 아는 언니는 180도 다르다. 사람들이 생각하는 언니는 다 갖추었으면서도 예의 바르고 겸손해서 더 기특하고 예쁜 아이였다. 그러나 정인이 겪은 언니는 뼛속까지 오만이 들어차 있는 허영덩어리였다.

언니는 거짓말쟁이기도 했다. 중학교 때는 정인과 가장 친했던 친구 사이를 갈라놓은 적도 있다. 그 친구가 정인을 왕따시켰다고 엄마에게 거짓말을 했다. 놀러왔던 친구는 엄마에게 혼이 나서 돌아갔고 다음 날부터 정인을 진짜 외면했다. 친구 하나를 잃었다. 언니에게는 그게 '그냥 재미'였다.

정인은 그동안 수첩에 메모했던 내용들을 노트북 컴퓨터에 입력했다.

시류에 편승한 자기모순의 대명사.

생각이 민재에서 알렉스로 옮겨갔다. 정인은 저번 모임에서 그를 다시 봤다. 화장실에 간 줄 알았더니 한참 후에야 나타났다. 커다란 꽃다발과 함께였다. 효선이 표정관리가 안 될 정도로 함박웃음을 지으며 좋아했고, 민재는 지하철역에서 헤어질 때까지 불평을 했다.

"남자들이란 다 똑같다니까! 그저 예쁜 여자만 보면 좋아서는……."

정인은 그러나 알렉스가 의외로 괜찮은 사람이라는 생각이 들었다. 다른 이의 말 한마디 한마디를 그냥 지나치지 않고 세심하게 신경을 써주는 점이 그랬다. 저번에도 수정이가 아이스크림 먹고 싶다고 한마디 한 걸 새겨듣고는 먼저 나가서 아이스크림을 사온 적이 있었다. 알렉스의 사랑을 받는 여자는, 그게 비록 짝사랑일지언정 많이 행복할 것 같았다. 짝사랑이라고 판단한 근거는 알렉스가 나중에 스쳐지나가듯 던진 말 한마디 때문이었다.

"사람들은 노력해서 안 되는 게 없다고들 하는데요. 노력이 가능성을 높이는 것도 사실이죠. 그렇지만 노력으로 이룰 수 없는 것도 세상에는 있는 것이죠."

안타까운 사랑을 하고 있는 것 같았다.

새로 만든 문서를 'MJ 폴더'에 저장했다. 이걸 시놉시스로 만들어볼 수 있을까? 생각이 시놉시스에 미치자, 마치 연관검색어처럼 장마녀가 떠올랐다. 실실 웃는 얼굴, 그러나 기분을 긁는 포인트에 정확하게 와서 여지없이 꽂히는 말들.

홧김에 회사를 그만둘까 생각해본 적도 있다. 하지만 그것도 문제였다. 오피스텔 보증금을 내느라 목돈이 얼마 없다. 월급이 끊어질 경우, 월세나 내면서 간신히 몇 달 버티다가 결국에는 백기를 들고 엄마에게 투항해야 할지도 모른다. 그건 생각하기도 싫었다.

그동안 정리했던 MJ 폴더 파일들을 하나씩 차례로 열고 훑어본 다음, 생각나는 대로 간단하게 몇 줄을 써보았다. 하지만 정인은 이내 고개를 가로저었다. 아직은 턱없이 부족했다. 훨씬 많은 이야깃거리가 필요했다. 생각할 시간 역시.

다른 이의 삶을 지켜보는 것과, 그것을 이야기로 정리하는 것은 다른 차원의 일이다. 보는 것은 그리 어렵지 않으나 그 내용을 정리하고 '해석'하기 위해서는 헤아릴 수 없을 정도로 많은 생각의 여과 과정이 필수적이다. 사랑도, 삶도, 창작도 결코 쉬운 게 아니다.

좋은 사랑의 스펙

효선의 남편은 요즘 남자답지 않게 집에서 신문을 본다. 아침 먹고 커피를 마시는 중이었다. 남편은 갑자기 생각났다며 편의점에 봉투를 사러 나갔다. 어버이날에 드릴 봉투였다. 어버이날은 모레지만 친정 부모님과는 휴일인 오늘로 당겨 점심식사를 함께하기로 했다.

효선은 남편이 펼쳐놓은 신문을 집어 들었다. 이런 기사가 있었다. '꿈꿔온 일을 이룬다면 더 이상 소원이 없겠다'고 사람들이 흔히 얘기하는데, 그게 정말인지 미국의 심리학자가 조사를 해봤다는 내용이었다.

학자는 100만 달러 이상 복권에 당첨된 사람들을 대상으로 생각이 어떻게 변화했는지를 분석했다. 당첨자들은 상금을 받았을 때에는 '최고로 행복하다'고 응답했다. 그런데 6개월이 지나자 판이하게 달라졌다. 그들은 '사는 게 별로'라거나 '즐거운 일이 없다'는 반응을 보였다.

예전이나 지금이나 달라진 게 없는 삶이라는 것이었다.

학자는 인간의 적응 능력이 놀라울 정도라고 분석했다. 성공의 대가를 너무도 빨리 '지극히 당연한 것'으로 받아들여, 전에는 '이룬다면 더 이상 소원이 없을 것 같던' 성공이 아무것도 아닌 일상으로 변해버린다는 얘기였다.

효선의 엄마 역시 그랬다. 고급 한정식집의 화장실에서 손을 닦으며 효선에게 아쉬움을 털어놓았다. 예전의 어버이날에는 생각지도 못했던 고급 식당을 드나들게 됐지만, 엄마는 이제 '이런 식당쯤이야'로 받아들인다. 봉투에 든 금액 또한 마찬가지였다.

"너희 부부, 얼굴도 모르는 애들한테도 후원으로 돈을 쓴다면서? 그런데 어버이날 용돈은 작년이나 올해나 똑같네."

엄마의 한탄은 동생의 학원비로부터 아파트 관리비, 돈이 없어 친구들도 자주 못 만나는 아빠 얘기로 이어졌다. 효선은 아파트에 새로 온 경비 아저씨를 떠올렸다. 연금을 받기 때문에 생활비 걱정은 없지만, 여전히 일을 하며 돈을 벌 수 있어 행복하다고 했다.

그러고 보니 경비 아저씨뿐이 아니다. 주유소에서 기름을 넣어주던 할아버지나 택배 물건을 전해주는 단골 택배 아저씨, 모두 아빠보다 나이가 더 들어보였는데도 생기가 넘쳤다.

효선은 엄마에게 말해보았다.

"엄마, 그렇게 걱정만 할 게 아니라, 전세를 빼서 교외로 나가면 더 여유가 생기잖아. 아빠도 아직 젊으니까 뭐든 더 할 수 있고……."

엄마가 발끈했다.

"너, 부잣집에 시집갔다고…… 건방져졌다? 너만 잘살면 다니? 널 그렇게 키워놓은 게 누군데."

죄책감을 자극하는 엄마.

＊＊＊＊

신랑이 직접 축가를 불렀다. 그런데 노래 실력이 상당히 별로였다. 음을 잘못 잡는 바람에 다시 시작했고, 하객들 사이에 웃음이 번졌다. 민재는 후배의 통통하고 귀엽게 생긴 신랑이 진실해 보여서 마음에 들었다.

5월의 주말은 늘 괴로웠다. 평일에는 주연으로 살며 자존심을 지킬 수 있지만, 주말에는 영락없는 조연으로 강등되어 남의 결혼식에 그야말로 '찬조 출연'하러 다녀야 한다.

엄밀하게 따지면 조연도 아닌 엑스트라다. 신랑신부의 친구 또는 선후배들 틈에 끼어 증명사진 한 장 남기는 일이다. 오늘 후배의 결혼식도 그럴 것이다. 맨 뒷줄 왼쪽에서 두세 번째 정도가 민재의 자리다. 키가 크니까 늘 맨 뒷줄에 남자들과 섞여 서게 된다. 그러다 인연이 시작되면 얼마나 좋을까.

신랑의 노래가 2절로 들어가면서 꽤 안정이 됐다. 듣다보니 익숙해진 것인지도 모른다. 신부가 신랑을 마주 보면서 눈물을 흘리기 시작했다. 그걸 보자 민재도 눈물을 참을 수 없었다. 민재는 화장이 지워지지 않게 조심스레 눈물을 닦았다. 알 수 없는 일이었다. 노래가 감동적이어서인지, 좋은 남자를 만나지 못한 스스로가 한심하고 서글퍼서인지. 약이 올랐기 때문인지도 모른다. 후배가 행복해 보여서. 물론 후배가 잘 살기를 비는 마음은 그대로지만. 결혼도 부러웠고 예쁜 드레스랑 반짝반짝 빛나는 반지는 더 부러웠다.

피로연에서 몇 남지 않은 싱글 선배들과 인사를 했다. 선배들이 신랑에 대한 평가와 분석을 시작했다. 그의 스펙이며 집안 등등 깨알같은 정보가 퍼즐처럼 맞춰졌다. 그러고는 스드메가 어땠다는 등 결혼식 이야기. 그런데 둘이 어떻게 만나서 사랑하게 됐는지 얘기하는 사람은 아무도 없었다. 신랑의 축가에 눈물을 흘렸던 민재로서는 그게 언짢았다. 결혼에서도 취업처럼 스펙이 중요한 시대가 온 것일까.

구석에 따로 모여 있던 동기들을 만나 인사를 했다.

"어머! 왜 이렇게 예뻐졌니?"

서로 칭찬을 주고받지만 표정에는 하나같이 초조함이 역력하게 드러났다. 민재는 '다른 약속이 있다'는 평계로 '난 너희들과 다르거든'의 뉘앙스를 풍기며 먼저 자리에서 일어났다. 웨딩홀은 그야말로 결혼공장처럼 부부들을 찍어냈고, 엘리베이터와 계단, 로비까지 꽉꽉 들어찬 사람들로 북새통이었다. 민재는 사람들 사이를 빠져나오면서 혼란스러웠다.

그녀 역시 감동적인 사랑을 원하면서도 괜찮은 조건 또한 포기하고 싶지 않다. 그런데 사랑이라는 게, 스펙이니 조건 같은 것을 전부 배제한 채 이뤄져야 좋은 사랑인 것인지, 아니면 적당한 조건까지 맞아야 좋은 사랑인 것인지 알 수 없었다.

지하철마저 만원이었다. 사람들은 거의가 등산복이나 간편한 차림을 하고 있었다. 그 속에서 정장을 차려입은 껑충한 키의 민재는 어쨌든 튀어 보일 수밖에 없었다.

아까 결혼식장에서 선배 중 누군가가 크게 한숨을 쉬면서 말했다.

"이 나이까지 결혼도 안 한 채 이렇게 남아 있게 될 거라고는 생각도 못 했었는데……."

그건 민재도 마찬가지였다.

알렉스가 떠올랐지만 바로 지워버렸다.

사랑,
너무 받지 않아 다행이야

　　　　　　"아빠, 늦바람 난 것 아니? 세인이 정인이 너희가 없으니까 적적해서 그런단다."

　　엄마가 폭탄 발언을 했다. 아빠의 생신 모임이었다. 정인은 놀란 반면 언니는 피식 웃고 말았다. 언니는 준재벌집 며느리답게 손끝부터 발끝까지 명품으로 휘감고 있었다.

　　아빠의 바람 대상은 여자가 아닌 '개'였다. 주말마다 개를 구경하러 다닌다고 했다. 하필이면 크고 무섭게 생긴, 가격도 엄청 비싼 주제에 밥만 축내는 놈한테 흠뻑 빠져서, 그런 개를 키울 수 있는 교외 전원주택으로 이사를 가자고 한다는 게 엄마의 비난이었다.

　　아빠가 퉁명스럽게 말했다.

　　"뭐가 크고 무서워? 얼마나 착한 놈인데."

　　'케인코르소'라는 이태리 견종이라고 했다.

정인이 먼저 일어나려는 것을 엄마가 붙잡았다. 언니가 자고 아침 먹고 가기로 했으니까 너도 그러라는 것이었다. 형부는 해외출장 중이라는데, 아까는 뉴욕이랬다가 좀 전에는 홍콩이라고 하는 게 이상했다. 모른 척해주었다. 오랜만에 같은 방에 이불을 깔고 나란히 누웠다. 언니가 정인에게 물었다.

"어때? 독립해서 살아보니까 행복하니?"

"모르겠어. 처음엔 한강 보는 재미가 있었는데, 적응이 되니까 그저 그렇네."

오피스텔에서의 일상에 대한 이야기가 오갔다. 정인이 물었다.

"언니는 어때? 아기 소식은 없어?"

언니가 망설이는 듯하다가 다른 얘기를 했다.

"완전히 새로운 세계야, 거기는. 나라면 뭐든 할 수 있다고 생각했는데…… 아니더라. 내가 얼마나 초라한 존재인지 끝없이 발견하게 돼."

형부와의 불화 문제는 아닌 것 같았다. 얘기를 더 들어보니까 윤곽이 잡혔다. 지고는 못 사는 언니인데, 차원이 다른 세상 사람들을 자꾸 만나게 되니 자기 분에 겨워 우울해진 거였다. 정인이 화제를 돌렸다.

"나도 짜증나 죽겠어. 우리 회사에 장마녀라고 있는데, 내가 붙인 별명이지만……."

장마녀와 어떻게 신경전을 벌이고 있는지 말해주었다. 언니가 물었다.

"백마녀가 아니고 장마녀?"

언니는 중학교 2년 선배다. 백마녀한테조차 각별한 사랑을 받았다는 전설의 주인공, 한마디로 여우였다. 새벽까지 도란도란 얘기를 했다. 철든 이후로는 처음인 것 같다. 정인이 하품을 마치기를 기다려 언니가 말했다.

"너 아니? 난 어릴 때부터 네가 늘 부러웠어."

정인이 고개를 돌리며 물어보았다.

"뭐가?"

의외였다. 또한 믿기지 않았다. 언니는 눈을 감았다.

"너는 항상 네가 하고 싶은 걸 하면서 살아왔잖아."

정인으로선 무슨 말인지 알 수 없었다. 언니는 예쁘기도 했지만 남의 눈치를 보거나 비위를 맞추는 데도 여우였다. 진심일 리 없었다.

"나는 내 인생을 살아본 적이 없거든. 남들 기준에 맞추느라 아등바등 애만 썼고, 그러다 보니까 내 기준을 가져보지 못했던 것 같아. 남들이 잘한다니까 그런 줄 알고 더 바라기만 했고……. 나이 들면서 자꾸 후회가 돼. 그러면서도 어쩔 수 없는 내 자신이 싫을 때도 있고. 나, 스스로 행복하다고 느껴본 적이 없어."

언니가 돌아누웠다. 정인은 언니의 꿍꿍이를 헤아려보다가, 자신이 생각해보지 못했던 진실 하나를 깨달았다. 언니의 말에는 진심, 적어도 자기 삶에 대한 통찰이 있었다. 언니는 늘 사랑과 기대에 둘러싸여 살다가 오로지 '비교'를 자기 잣대로 받아들인 것이다. 그런데 그 비교가 언니를 끝없이 아프게 한다. 남들에 비해 특별한 대접을 받지 못하면 쉽게 모멸감을 느낀다. 더 잘난 사람을 만나기라도 하면 자존심에 상처를 받으며 '내가 이 정도밖에 안 될 리가 없다'며 자학을 하게 된다.

정인은 언니의 모로 누운 뒷모습을 보면서 말했다.

"나는 뭐든 기준 이하라고 생각하면서 살아왔는데……. 언니처럼 예쁜 것도 아니고, 공부를 잘한 것도 아니고, 엄마한테 귀여움을 받은 것도 아니었잖아. 소설이랍시고 써왔지만 낙선만 거듭했고……. 짚신도 있다는 짝도 없고…….”

언니가 정인 쪽으로 돌아누웠다. 정인은 언니의 얼굴을 어슴푸레한 어둠 속에서 뜯어보았다. 균형이 잡힌 예쁜 얼굴이다.

“그런데 오늘 언니 얘기를 들어보니까 관심이나 사랑을 덜 받아서 천만다행이라는 생각이 드네. 아하하. 웃기지 않아?”

언니에겐 ‘당연히 누려야 할 권리’가 많았다. 어릴 때에는 그게 화났다. 그러나 이제 생각해보니까 당연히 누려야 할 권리가 많지 않다는 것 또한 분명히 장점일 수 있다. 적어도, 자기 분에 겨워 마음속이 숯처럼 끓는 삶을 살지 않아도 된다.

언니는 오래전부터 그런 자신을 인식했는지도 모른다. 많은 것을 누리면서도 속은 언제나 시끄러웠던 언니로선, 그 때문에 웬만한 기대로부터 자유로울 수 있었던 정인을 볼 때마다 배가 아팠을 것이다. 세상에는 동시에 가질 수는 없는 것들이 있다. 남들로부터 많은 기대를 받는 사람은 자기 마음속에서 만족을 찾아내기가 쉽지 않다.

정인은 아이디어 하나를 떠올렸다.

‘두 딸을 키운 엄마 관점으로 소설을 써보는 것은 어떨까? 하나는 자랑스러운 딸, 다른 하나는 답답하기 그지없는 딸……. 하루에도 몇 번씩 냉탕과 온탕을 오가는 심정 아니었을까 싶은데.’

나쁜 남자와
사나운 개의 공통점

민재는 즐거웠다. 오늘 하루만 세트메뉴에 맥주가 무제한이란다. 커다란 샐러드와 스테이크, 파스타 접시들이 테이블 위를 가득 채웠다. 5월 내내 가뜩이나 기분도 좋지 않은데 마음껏 먹고 마실 요량으로 포크를 들었다. 더욱 즐거운 건, 오늘 모임에 수정이 안 나온다는 거였다.

알렉스는 회의가 길어지는 바람에 늦는다고 했다. 효선이 여행 이야기부터 꺼냈다. 그동안 말만 무성했지, 어디로 갈 것인지 결정을 내리지 못했으니까 그것부터 정하자는 것. 목적지만 정해지면 세부 진행은 자기가 맡겠다고 말했다. 정인이 말했다.

"미영 언니도 중간에 합류할 수 있게, 그냥 가까운 데로 가는 게 낫지 않을까? 괌이나 사이판이 멀면 제주도는 어때?"

미영 언니가 손을 저었다.

“야! 내 나이 먹는 것도 서러운데 왜 너희들 서른 되는 이벤트를 따라가야 하는데?”

그러고는 민재의 허리에 팔을 둘러 바짝 끌어당겼다.

“이렇게 하자. 민재만 나한테 맡겨. 내가 데리고 어디든 갈게.”

민재는 수정의 불참을 공공연하게 강조하고 싶었다.

“수정이는 아예 안 나온다는 거야? 늦는다는 게 아니고?”

정인이 대답했다.

“아까 동시에 문자 받았잖아. 못 올 것 같다고. 나도 따로 연락받은 건 없어.”

선배인지 뭔지 때문일 것이다.

“여자들 모임은 이래서 문제라니까. 열심히 나오다가 남자만 생기면 생을 까요, 아주. 그래놓고 남자랑 깨지고 나면 나타나서 눈물 콧물 흘리며 ‘얘들아 나 좀 위로해줘’ 이런 식이잖아.”

효선이 수정의 편을 들어주었다.

“수정이는 일 때문이라잖아.”

민재는 코웃음을 쳤다.

“일은 무슨…… 이용만 당하는 게 뻔하잖아. 개한테 생기는 게 뭐가 있어? 돈이 생겨? 유명해지길 해? 똑똑한 척은 혼자 다 하면서. 수정이 개는 왜 그런 식인지 모르겠어. 여행만 해도 그래. 지금까지 한마디도 안 하고……. 가자는 거야, 말자는 거야?”

그때 알렉스가 도착했다. 미영 언니가 불참했던 지난달에 일어났던 일을 놓고 소란스러워졌다. 효선에게 주었던 꽃다발의 진심을 밝히라는 요구에 술이 오른 민재가 앞장섰다. 그런데 정인이 불쑥 개 이야기를 꺼냈다.

"그런데 남자들은 왜 하필이면 사나운 개를 좋아하는 거죠?"

알렉스가 정인의 아빠 이야기를 자세히 듣고는 반가워했다.

"아! 케인코르소요? 엄청난 놈이죠. 언젠가 자기 주인을 구하려고 멧돼지랑 싸우는 장면이 TV에도 나온 적 있어요. 자기보다 대여섯 배는 큰 멧돼지의 목을 물고 몇 시간을 늘어졌다고 하더군요."

이번엔 효선이 물었다.

"알렉스 씨도 개를 좋아하나 봐요? 근데 왜 그런 무시무시한 개를 좋아해요? 귀여운 개들도 많은데."

"그게…… 개는 아무리 사나워도 정을 주고받는 동물이거든요. 사나운 개들은 상당히 배타적이에요. 주인 외에는 눈길도 돌리지 않아요. 그러다 주인한테 위협이 생기면 물불 가리지 않고 달려들죠. 한마디로 절대 배신하지 않는 무조건적인 사랑을 받고 싶어서 그렇겠죠."

미영 언니가 맥주를 한 모금 마시고 말했다.

"여자들이 나쁜 남자 좋아하는 심리랑 비슷한 거네. 강하고 까칠한데 오로지 나한테만 복종하고 나만을 안전하게 지켜주기를 바라는 마음 같은 거잖아? 남자들도 그런 사랑을 받고 싶어한다니 재밌네?"

민재는 그 즈음에서 필름이 끊겼다. 잠깐 정신이 들었을 때에는 택시 뒷자리에서 누군가의 따뜻한 어깨에 기대어 있었다. 다음 날 아침, 효선에게 SNS 메시지를 받았다.

어제 알렉스랑 분위기 좋더라. 술 취한 김에 대시해보지 그랬어?

민재는 곧바로 몇 자 써서 보냈다.

애인 있다잖아. 내가 뭐 하러 시간 낭비에 감정 낭비하겠어?

정인도 메시지를 읽은 것 같았지만 반응이 없었다. 아무렴 어때? 그 사람한텐 사랑하는 여자가 이미 있다는데. 아빠가 B1맨의 아버지한테서 전화를 받았다고 했다.

"사귀지 않을 거면 입장을 분명히 해달라는 거야. 아가씨들이 줄을 서 있으니까 다음 타자로 넘어가야 한다고."

민재는 마시던 커피를 식탁에 뿜어내고 말았다.

"얘 좀 봐! 괜찮아?"

엄마가 키친타월을 뽑아주면서 걱정을 했다. 민재는 콜록콜록 기침을 하고 나서야 아빠에게 대답했다.

"나 원 참. 기가 막혀서. 그 아저씨한테는요. 댁의 아들이 너무 과분해서 우리 미천한 딸이 주제를 알고 일찌감치 포기했다고 전해주세요."

민재는 자리에서 일어나며 속으로 빌었다. 올해가 가기 전에 '사나운 개' 같은 남자를 만날 수 있기를. 듬직한 남자, 오로지 그녀만을 바라보며, 그녀를 지켜주기 위해 언제라도 모든 걸 내던질 수 있는 남자, 그런 남자가 어딘가에는 틀림없이 있을 거라고 믿기로 했다.

사랑의
단맛과
쓴맛

의지하고 믿어줄 친구

토요일인데 하필이면 남편이 회사에 나갔다. 밤사이 팩스로 들어와 있을 서류를 처리해야 한다는 이유였다. 요즘 같은 인터넷 시대에 무슨 팩스인지. 남편은 결혼식장에서 만나기로 했다. 효선 혼자 시어머니를 모시고 결혼식장에 갈 준비를 했다.

"ㄱ 옷에는 ㄱ 가방이 좀 안 어울리는 거 아니니?"

시어머니가 효선을 보자마자 차림새를 지적했다. 그러고는 이어지는 말.

"작년 말에 내가 사준 가방 있지? 타조 가죽에 체인 링으로 되어 있는 거, 그걸로 바꿔 들고 가는 게 낫지 않을까?"

심장이 멎을 뻔했다. 효선은 붙은 입술을 간신히 뗐다.

"아뇨. 저는 이게 더…… 더 맞는 것 같아서…… 그냥 이걸로……."

시어머니가 효선의 표정을 잠깐 살피고는 말했다.

“그래. 가자.”

심장이 두방망이질했다. 두근두근. 그 소리가 들릴까 봐 숨도 제대로 쉴 수 없었다. 뒷자리에서 시어머니가 의심스러운 표정으로 보고 있는 것만 같았다. 신호 타이밍을 놓치는 바람에 급브레이크까지 밟았다. 이래서야 ‘그 가방, 몰래 팔아먹었어요’ 하고 광고를 하는 거나 다름없었다. 상태가 좋은 가방부터 벌써 몇 개나 팔아치웠다. 목걸이와 팔찌도 여러 개를 내놓았다.

시어머니에게 선물을 받았어도 효선 소유의 물건이다. 그러니 팔든 말든 그녀의 마음대로인 게 원칙이다. 그러나 시어머니의 원칙은 그게 아닐 테니까 문제다. 더구나 가방을 처분해야 했던 이유까지 추궁당하게 되면……. 그녀의 모든 진실이 의심당하고 부정당하게 될지도 모른다.

며칠 전 드라마에서 나온 대사처럼 ‘부의 이전 또는 분배라는 사명을 띠고 자기 집에 잠입한 남의 자식을, 그럼에도 좋다며 반겨줄 박애주의자 시어머니 또는 장모를 현실에서 만나기란 홍해가 갈라지는 기적보다 어려운 일’인 것이다.

저녁은 먹는 시늉만 했다. 시어머니가 이미 알고 있는 게 아닌지, 그래서 일부러 그 가방 얘기를 꺼낸 게 아닌지 걱정이 됐다. 어쨌든 시어머니가 작심을 한다면 용서하지 않을 것 같았다. 남편에게서 강단이 있는 분이라고 들은 게 한두 번이 아니었다.

침대에 누워서도 그 생각이었다. 생각이 뒤죽박죽되었다. 생각은 끝이 없었고 불안의 무게는 가중되었다. 새벽 3시가 넘었다. 그녀는 뒤척이다가 엎드려 탄식을 길게 뱉어냈다. 끝이 보이는 것 같기도 하다. 남의 옷을 입고 사는 것만 같은 결혼생활의 끝.

친구들과 약속했던 서른맞이 연말 여행이 생각났다. 과연, 갈 수 있을까. 그보다는 비상금을 털어서 갈 마지막 여행의 가능성이 높아졌다. 마지막으로 자신만을, 오로지 그녀 스스로만을 위한 호사를 한번 누려보고 싶었다.

효선은 다시 한 번 한숨을 쉬었다. 돌연, 남편이 그녀의 등에 손을 올렸다. 그러고는 부드럽게 쓸어주었다. 흠칫 놀란 효선이 물었다.

"안 자고 있었던 거야?"

대답이 없었다. 남편이 옅게 코를 골았다. 역시 그렇겠지. 그녀는 미소를 지었다. 세상물정 모르는 도련님에게, 아마도 그녀는 이해할 수 없는 세계의 사람으로 영원히 남을지도 모른다. 그의 순진한 믿음을 저버린 채 그를 속이고 있는 스스로가 원망스러웠다.

효선은 슬그머니 침대에서 일어나 화장실로 갔다. 거울 속의 여자는 더 이상 예전처럼 예쁘지 않았다.

****

'동물원에 가보겠다'는 **수정**의 버킷리스트는 외사촌동생이 휴대폰으로 보내준 사진 한 장이 발단이었다. 아기가 너무 예뻐서 저절로 엄마 미소를 머금게 했다. 그 아기와 함께 놀아주는 '이모 놀이'를 동물원에서 해보고 싶었다.

"끼리~ 끼?"

아기가 유모차에서 손을 내밀어 기린을 가리키며 좋아했다.

"오! 기린이라고 말한 거야? 우리 아기, 기린을 좋아하는구나?"

수정은 말 그대로 고사리만 한 손을 살짝 쥐고 흔들어주었다. 아기는 이모 놀이로 인해 피곤해졌는지 유모차 안에서 쌔근쌔근 잠이 들었다.

"언니, 요즘도 술 많이 마셔?"

사촌동생이 준비해온 김밥을 건네주면서 수정에게 물었다.

"얘는…… 내가 언제? 나 원래 술이 세지도 않은데."

동생이 고개를 갸웃거렸다.

"옛날에 나랑 지낼 때는 매일 술 마시고 늦게 들어왔잖아."

기억이 났다. 대학교 1학년 여름방학 때 집을 뛰쳐나왔지만 갈 데가 없었다. 결국에는 외삼촌 댁으로 향했다. 그렇게 보면, 가출도 뭣도 아니었던 셈이다. 사촌동생 방에서 더부살이를 하다가 그것도 며칠 만에 막을 내렸다. 매일 술냄새를 풍기면서 늦게 들어가니, 고등학생이었던 동생에게 영향을 주지 않을까 염려한 외삼촌이 핑계를 만들어 수정을 쫓아낸 것이었다. 삼촌네 회사가 후원하는 대학생 국토대장정에 참가해보라고 등을 떠밀었다.

집에서 최대한 멀어지고 싶었던 수정으로선 마다할 이유가 없었다. 그때 집에는 아버지라는 사람이 와 있었다. 대장정 준비모임에서 정인과 효선, 민재, 탕웨이를 만났다. 그 애들은 재수를 하지 않아서 모두 2학년이었다. 20년을 외로움 속에서 살았던 그녀에게 처음으로 마음 편한 친구가 생겼다.

사촌동생이 유모차를 밀며 지하철역에서 멀어지자 수정은 지하철을 다시 타기 위해 돌아섰다. 모처럼 즐겁고 여유가 넘치는 하루였다. 내일부터는 다시 지루한 아르바이트로 돌아가야 한다고 생각하니 우울감이 되살아났다. 그래도 대체휴일을 마지막까지 즐겁게 보내기로 마음먹었다. 이젠 선배를 만나 곧 촬영에 들어갈 대본 앞부분을 점검하고 저녁을 먹을 차례다. 휴대폰을 꺼내 선배에게 메시지를 보냈다.

지금 출발해요. 20분 후에 도착 예정.

국토대장정에 참가했을 때에는 몸 곳곳이 멍투성이였다. 어릴 때에는 엄마에게 울며불며 빌었지만, 그때는 한마디도 하지 않고 묵묵히 그냥 맞았다. 잘못했다는 말을 할 수 없었다. 실제로 잘못한 게 없었으니까. 잘못한 건 아버지라는 사람이었다.

수정은 결국에는 자기 성질을 이기지 못했다. 생각보다 힘이 없는 엄마의 손에서 빗자루 몽둥이를 빼앗아 바닥에 내동댕이쳤다. 옷가지 몇 개를 가방에 꾸려 집에서 나왔다.

혼자만 긴팔에 긴 바지 차림으로 부산에서 서울을 향해 걸었다. 멍투성이 맨몸을 숨기기 위해서라도 매일매일의 목적지에 1등으로 도착해 다른 팀들이 오기 전에 샤워를 끝내야 했다. 아이들이 보지 못하도록 혼자만 멀찍이 떨어져 재빨리 씻고 나왔다.

그것이 대장정 내내 처지기만 하던 민재의 짐을 덜어주고 부축해준 이유였다. 의도는 순수하지 못했지만 결과는 매우 좋았다. 그렇게 어울리는 과정에서 누군가를 돕는 보람을 찾아냈고, 비로소 수정에게 친구들이 생겼다. 친구들과 어울리면서 마음의 멍까지 깨끗하게 빠졌다.

홍대역에 도착해 내리는데 사촌동생한테서 메시지가 왔다.

언니, 고마워. 헤어진 지 얼마나 됐다고 애가 벌써 이모 보고 싶다고 난리야.

누굴 보모로 아나? 짜증이 나려다 웃음이 났다.

미안해. 이모가 스물아홉 병이라서 그래.

사랑과 일의 진실

정인이 며칠 전에 읽은 책에 '일의 의미'를 분석한 내용이 있었다. 일에는 여러 가지 의미가 있다. 노동을 의미하는 고대 그리스어 포노스(ponos)는 '슬픔'이라는 뜻을 동시에 가지고 있다고 한다. 독일어의 노동(arbeit)은 '곤경'이나 '시련'을 의미하기도 한다.

일의 의미는 사람마다 제각각 다를 수도 있다. 하지만 일의 고난 혹은 슬픔을 이겨낸 뒤의 보람과 성취감, 그런 희열 때문에 사람들은 자신의 일에 더욱 차원 높은 의미를 부여하고 싶어하는지도 모른다. 자신에게 의미 있는 일이 곧 자신을 상징한다고 믿는다.

그런데 고대 그리스어 포노스에는 '고문을 한다'는 의미도 있었다고 전해진다. 정인과 마주 앉은 자기계발서 작가와의 일이 바로 포노스, 곧 '고문'인 것 같았다. 정인은 그와 얘기를 해야 한다는 게 고통스러웠다.

발단은 정인의 말이었다. 정인의 '다 아는 얘기들'이라는 말에 작가가 기분이 상한 것 같았다. 작가는 '몰랐던 것들을 아는 게 중요하다면 차라리 수학문제집을 푸는 게 낫다'는 해괴한 주장을 폈다. 삶을 바꾸는 동력은 몰랐던 것을 새롭게 아는 게 아니라, 이미 깨닫고 있는 지혜를 거듭 확인하는 꾸준한 실천이라는 얘기였다.

"정인 씨, 똑같은 수학문제집으로 공부를 해도 점수가 제각각인 것처럼 중요한 건 사람마다의 노력이잖아요? 시험 망쳤다고 문제집을 탓하지는 않잖아요?"

"하지만 수학문제집이든 자기계발서든, 사람들은 절실히 원하는 해답을 찾기 위해서 책을 보는 것 아닌가요?"

작가가 한걸음 물러섰다. 수학에는 정답이 있지만 인생은 사람마다 제각각 다르기 때문에 모두에게 맞는 정답이란 없단다. 회사로 돌아와 장마녀에게 미팅 결과를 보고했다. 장마녀가 키득거리면서 물었다.

"들이받았다면서?"

장마녀의 '실실 웃으며 뽀개기'가 시작됐다.

"그 작가 실적을 보면 말이야. 5만 부짜리가 하나, 3만 부짜리가 하나, 1만 부짜리가 하나, 도합 9만부야. 이 정도면 '10만 부 작가'라고 볼 수 있지."

그건 사실이었다.

"그런데 당신, 지금까지 만든 소설 중에서 1만 부라도 넘은 게 하나라도 있어?"

가장 많이 팔린 게 4천 부 조금 넘은 정도였다.

"당신, 소설가가 되겠다고 했지? 당신이 단편집 또는 장편을 내면 몇

부나 팔릴 것 같아?"

자존심 상하는 질문이었다.

"단순히 팔리는 게 중요한 게 아니잖아요."

"그래?"

장마녀가 웃으며 다시 물었다.

"고상한 당신한테는 책 팔리는 게 중요하지 않다 이거지? 그럼 책이 안 팔리면 뭘 먹고 살아? 밥 안 먹고 이슬만 먹나?"

정인이 대답을 하지 못하는 가운데 장마녀의 일방적 뽀개기가 이어졌다.

"당신, 직업이라는 게 뭐야? 먹고 살려는 짓 아니야? 일을 잘 해보려다 실패한 것도 아니고, 애초에 돈이 중요한 게 아니라면 그건 취미잖아. 회사는 뭐하는 데야? 같이 벌어먹고 살자고 있는 조직이잖아. 근데 당신은 왜 돈이 중요한 게 아닌 취미를 하고 싶어 하면서 회사가 월급 주길 원해? 당신이 벌어줘야 회사도 당신을 먹여 살릴 수 있는 거 아니야? 당신이 좋아한다는 소설가들 있지? 그 사람들이 상업적으로 성공하지 못했더라면, 그래서 무명이라면 과연 당신이 좋아한다고 꼽기나 했을까?"

천박한 수준의 말이었으나 반박하기 어려운 말이기도 했다. 의기소침해서 앉아 있는데 장마녀가 뒤에 와서 섰다.

"와인 한잔할까?"

또 이런다. 깨놓고 달래기. 말은 딱 한 잔이었으나 어쩔 수 없이 여러 잔이 됐다. 장마녀가 친한 척 말했다.

"나도 예전에는 당신이랑 비슷했어. 책 만드는 것을 거룩하고 신성

한 일이라고 생각했지. 돈을 벌기 위해 일을 하기보다는 책을 만드는 일 자체가 큰 의미와 가치가 있다는 식으로.”

장마녀가 눈을 게슴츠레 뜨고는 물었다.

“그런데 당신, 시놉시스 말이야. 쓰고는 있는 거야? 쓰는 척하면서 시간만 때우는 건 아니고?”

✳✳✳✳

158

수정은 백팩을 바닥에 내려놓고 양팔을 걷어붙였다. 라면 찌꺼기가 말라붙은 냄비가 가스레인지 위에 방치되어 있었다. 선배가 치른 격전의 현장이었다. 냄비를 개수대로 옮기는데 선배가 그녀의 손목을 붙잡았다.

“그냥 내버려둬.”

선배의 손에서 완강함이 느껴졌다.

“그런 거나 시키려고 널 여기까지 데리고 온 게 아니야.”

그 말은 듣기 좋았다. 드디어 선배의 오피스텔에 입성했다. ‘엄마조차 못 오시게 한다’는 말처럼 여자의 손길이 전혀 미치지 않은 느낌이었다. 수정은 그만의 공간에 유일하게 받아들여졌다는 희열 때문에 반쯤 들뜬 상태에서 대본을 함께 점검했다. 10회까지의 분량을 정밀하게 분석했다. 다음 주부터 촬영 시작이다.

형식 선배는 들떠 있었다. 그저께는 배우들이 참석한 가운데 1, 2회 대본 리딩이 있었다. 남녀 주인공뿐 아니라 그들을 받쳐줄 중견 연기자들이 분석을 잘 해와서 분위기가 좋았다는 게 선배의 소감. 다만 '가연' 역을 맡은 아이돌그룹 여자애가 불안해서 신경이 쓰인다고 했다.

두 시간이 후딱 지나갔다. 선배가 붉은 펜으로 메모했던 부분을 컴퓨터에서 찾아내어 고치는 작업을 시작했다. 휴대폰이 신호음을 냈다. 사촌동생이었다. 수정이 동물원에서 촬영했던 아기 사진을 언제쯤 보내줄 거냐는 문자였다. 노트북을 꺼내 조그만 원탁 위에 올려놓고 카메라와 연결했다. 사진들이 화면 가득 나타났다. 수정은 여러 컷 골라 리터칭 작업을 시작했다. 어떤 건 아이가 화면에 꽉 차도록 잘라냈고, 어떤 건 호소력 있게 흑백전환을 해보았다.

"사진 잘 찍네."

선배가 작업을 끝내고는 뒤에 와서 보고 있었다.

"사진에 열심인 특별한 이유가 있어? 무거운 카메라를 갖고 다니는 것만 해도 대단한 정성인 것 같아서……."

"그냥요. 슈가을 포착해 찍을 때의 성취감 때문이랄까요? 아니, 거꾸로 그걸 놓치지 않았다는 안도감이라고 하는 게 맞을 것 같기도 하고…… 잘 모르겠어요. 그냥 아무 생각 없이 찍는 게 좋아요."

그게 진실이었다.

'아무 생각 없이 찍는 게 좋아서.'

선배라면 다 얘기할 수 있을 것 같기도 하다. 친구들은 여전히 선배 얘기를 꺼내면 탐탁지 않은 표정이다. 좋은 사람이 생긴 게 배가 아픈 것인지, 아니면 수정이 행복해지기를 바라지 않는 것인지 알 수 없다. 그런데 다시 생각해보니까 절반쯤은 수정 자신의 잘못인지도 모르겠다. 아버지라는 사람의 유전자를 물려받아 '백만 안티'를 부르는 입이 문제인지도.

그는 이따금 나타나 엄마와 수정의 집에 머물 때에는 뉴스를 보면서 끝없이 구시렁댔다. 결론은 모두가 나쁜 놈이었고, 자기 혼자만 고고한 뜻을 가진 사람이었다. 고고한 뜻을 가진 착한 사람이 왜 여러 집 살림을 하는지는 알 수 없었다.

수정 역시 매일처럼 누군가를 말로 찌르고 몰아세우기를 밥 먹듯 했다. 고등학교 때였을 것이다. 옆자리 아이가 채근담에서 좋은 말들을 추려내 정성들여 코팅까지 해서는 수정에게 선물로 준 적이 있었다. 집에 갖고 오자마자 버렸다.

29년간 입으로 차곡차곡 쌓았던 결과가 친구들의 냉담하다 싶은 반응으로 돌아온 게 아닌가 하는 생각에 잠깐 우울해졌다. 수정은 사촌동생에게 사진을 이메일로 보낸 뒤 컴퓨터를 끄면서, 이제부터는 선배에게 어울리는 사람이 될 수 있도록 신경을 많이 써야겠다고 결심했다.

선배가 물었다.

"배고프지? 뭐 먹을까?"

수정은 얼마나 자기 생각에만 빠져 있었으면, 선배의 질문에 엉뚱한 대답을 하고 말았다.

"입버릇을 고치도록 이번에는 정말로 노력해볼 거예요."

너무 맛이 있어서 눈물이 나네

미영이 샤워를 마치고 나오는데 정인이 뒤에서 물었다.

"언니, 정신없이 돌더라. 몇 바퀴나 돈 거예요?"

조금 줄여서 대답해주었다.

"40바퀴. 2km 정도야."

실제로는 60바퀴가 조금 넘는다.

"헉! 저는 20바퀴 돌고도 기진맥진인데요. 수영 오래 하셨나 봐요?"

지금 정인의 나이, 스물아홉에 미영은 수영을 배웠다. 그러니까 정확히 10년째 수영을 거의 매일 하고 있다. 그 전까지는 운동이라면 끔찍하게도 싫어했던 그녀였다.

"힘들었겠어요. 저도 약간은 몸치거든요. 초등학교 때 언니랑 같이 수영 배우면서 이겨먹으려고 기를 썼는데 말이죠."

고통스러웠다. 수영을 배우느라 힘들었던 게 아니었다. 그럴 수만 있다면 스물아홉 그 시절로 다시 돌아가고 싶은 생각도 있다. 바보 같은 짓을 못 하도록 스스로를 말릴 수 있게. 고통 속에서 각성이 왔다. 마지막 한 톨의 힘까지 짜내어 수영을 했다. 스트레스로 인한 폭식 때문에 붙은 12kg의 체중을 빼는 데 성공했다.

그리하여 얻게 된 미영의 좌우명 '습노즉신흠(習勞則神欽). 수고로운 일에 습관이 되면 귀신도 존경한다.' 현실을 마주하는 가장 적절한 한마디가 아닐까 하고 생각한다. 물론 그녀도 선배에게서 이어받은 좌우명이다.

머리를 말리고 나서 정인에게 슬며시 물어보았다.

"알렉스 괜찮지 않아? 따로 만나보는 건 어때? 너희 중 하나랑 연결되길 바라는 마음으로 데리고 나왔는데……. 알아서 하겠거니 내버려뒀더니 영 진도를 못 나가네?"

정인이 정색을 했다.

"아! 제 스타일 아니구요. 애인도 있는 모양이던데요."

알렉스한테 그런 얘기는 들은 적이 없었다. 정인이 미영에게 물었다.

"언니는 어쩌다 회사를 차릴 생각을 하게 됐어요?"

광고대행사에 다니다가 업종을 옮겨보려고 대기업의 경력직 마케터 면접을 봤다. 보수적인 회사라는 것을 알면서도 당당하게 대답을 했다.

"사실은 미혼이 아니고요. 혼인신고하기 전에 이혼을 했습니다."

면접은 좋은 분위기에서 끝났다. 담당자가 친절하게 말했다.

"곧 연락드리겠습니다."

하지만 연락은 오지 않았다. 이혼한 여자를 보는 우리 사회의 수준이 딱 그 정도다. 정인이 물었다.

"언니, 남자랑 결혼했었어요? 여자 좋아하는 거 아니에요?"

스물아홉, 그때의 미영은 고통 속에서 발버둥을 치면서 많은 것을 잃었다. 그 가운데 지금까지도 뼈저린 게 친구들과 갈라섰다는 아픔이었다. 결과적으로 보면, 스스로 행복을 걷어찼던 것이나 다름없다. 불행에 빠진 그녀에게는 희망이 안 보이는데, 친구들은 걱정 없이 인생을 즐기고 있었다. 그게 꼴보기 싫었다. 그들에게 불안과 스트레스를 전가했고 서로를 아프게 하는 만남이 몇 번 이어지다가 결국은 크게 충돌하며 다시는 만나지 않을 사이가 되어버렸다.

"1월 모임에선가? 정인 네가 했던 말이 기억나. '표절을 피해간다는 것이 이렇게 어려운 건 줄 몰랐다'고. 알고 보니 남들이 웬만한 건 이미 다 차지하고 있었다고 그랬지? 맞는 표현이야. 내 일과 내 인생을 사람들 속에서 의미 있게 만들어 나간다는 게 얼마나 어려운 일인지, 나 역시 네 나이 즈음에 깨달았던 것 같아."

＊＊＊＊

"어때? 열은 좀 내렸어?"

초저녁인데 남편이 벌써 돌아왔다.

"거래처 갑(甲)이었던 분께서 편찮으시다고 했더니 과장님이 빨리 들어가라고 떠밀더라."

남편은 양손에 커다란 비닐봉투를 들고 있었다.

"그냥 누워 있어. 감기몸살이 떨어질 영양식 만들어줄게."

효선은 다시 누워 이불을 목까지 끌어올렸다. 어젯밤부터 고열에 시달리며 끙끙 앓았다. 중고 명품숍을 돌아다니느라 종일 발품을 팔았던 게 무리였던 것 같다. 에어컨 바람을 많이 맞은 것도 그랬다. 가방 몇 개를 싸들고 보따리장수처럼 강남부터 일산까지 중고숍을 돌았다.

엄마한테서 동생 학원비가 급하다고 몇 번이나 전화를 받았다. 이번 한 번 더 도와달라고. 그렇지만 다음이라고 엄마에게 뾰족한 방법이 있는 것은 아닐 터였다.

남편이 음악을 은은하게 틀어놓은 채 주방에서 뭔가를 씻고 다듬고 칼질하는 소리가 들렸다. 이따금 특제요리라며 뭔가를 만들어주는데 대개는 그 맛이 그 맛이다.

남편과는 회사에서 처음 만났다. 협력회사 사람들과 회의를 하다가 구석자리에 숨은 듯 앉아 있는 그를 발견했다. 갓 배치된 그 회사 신입사원이었다. 그로서는 효선이 다니던 대기업의 고층빌딩에 들어서는 것만으로도 주눅이 들었을 것이다. 엘리트는커녕 키가 큰 것도, 잘생긴 것도 아닌 그저 평범한 사람이었다.

효선은 퇴근하다가 몇 번 그를 우연히 만났다. 우연이 몇 번 일어났고 그가 눈도 감히 마주치지 못하면서 "점심 한번 사달라"고 했을 때에는 웃음이 나왔다. 여자한테 사달라는 게 우스웠다. 점심을 같이 먹으면서 얘기해보니까 착했다. 군대 다녀와서 입사가 늦었을 뿐 그녀와 동갑이었다. 효선을 만나보려고 일부러 그녀 회사 근처에서 얼쩡거렸다고 털어놓기까지 했다.

"자~ 남편의 애정과 정성으로 끓인 영양죽 대령이오. 나와서 몇 숟가락 떠봐."

남편이 죽을 식탁에 차려놓고는 다가와서 그녀를 일으켜주었다. 가운을 어깨에 걸쳐주고는 부축까지 해주었다. 효선은 남편이 쑨 죽을 호호 불어 한 입 먹어보았다. 전복과 소고기를 다듬었지만 크기가 들쭉날쭉이었다.

"음, 맛있어."

그녀의 칭찬에 남편이 신이 났다.

"그렇지? 맛있지?"

남편은 끓인 물과 찬물을 섞어 미지근하게 만든 물을 컵에 따라주었다. 그러고는 마치 지금 생각났다는 투로 연극을 했다.

"참, 엄마한테도 이거 한 그릇 갖다드리면 좋겠네. 아들표 영양죽."

마마보이 남편은 죽을 냄비째 들고 현관문을 나섰다.

효선은 그의 착한 성격에 끌렸고, 휴일에 그가 타고 나타난 고급 자동차에 결정적으로 넘어갔다. 그녀 스스로도 인정한다. 속물이 맞다. 그 엄마의 그 딸이다. 다만, 효선은 남편의 든든한 경제력 뒤로 숨을 수 있을 거라고 기대했다.

엄마는 남편의 가족이 홀어머니와 단둘이라는 사실을 알고는 반대를 했다. 그러다가 부잣집이라는 사실에 누그러졌고, 그가 요즘 남자답지 않게 착하며 효선보다 학벌이 처진다는 점에서 엄마 시대의 표현을 빌리자면 쾌재를 불렀다. '부잣집의 착해빠진, 게다가 조금 모자란 듯한 아들'은 엄마의 까다로운 기준을 넘고도 남음이 있었다.

효선은 죽이 식기를 기다려 천천히 먹었다. 착하기만 한 남편을 이용해 먹는 나쁜 여자, 언젠가는 대가를 치르고야 말 것이라는 두려움이 그녀를 짓누르는 불안의 근원이다.

그게 현실이고 현실은 거대한 바위와도 같다. 그런 현실 앞에 그녀의 노력은 한낱 계란에 불과한 것이다. 결국 행복이란 그녀 혼자만의 노력으로 이룰 수 있는 성질의 것이 아니었던 셈이다.

착한 남편을 만나 그동안 별 탈 없이 살 수 있었던 것은 분명 그녀의 행운이었다. 하지만 그처럼 착한 남편이기에 결정적인 순간에는 그에게 의지할 수 없을 것 같다. 거대한 바위에 부딪혀 산산이 깨지게 될 때에는. 효선은 아무리 억울하고 슬플지라도 그런 현실을 받아들이지 않을 수 없다고 이제는 인정한다.

남편이 예상 외로 빨리 돌아왔다.

"어? 왜 울어? 많이 아파?"

효선은 눈물을 훔치면서 웃어주었다.

"아니야. 죽이 너무 맛있어서 눈물이 나네."

친구의 행복을 바라보는 관점

거품이 부드러운 맥주에 빨간 골뱅이소면이 보기 좋았다. 거기에 푸짐한 치킨.

민재는 수정을 한껏 의식하며 오늘 시위에 나갔던 무용담을 전했다. 장애인 부부가 운영하던 식당이 도심 재개발로 인해 문을 닫을 위기에 처했다. 뜻있는 젊은이들이 인터넷 커뮤니티를 중심으로 뭉쳐 오늘 오후로 예정됐던 철거를 막아냈다는 얘기였다. 미영 언니가 고생이 많았다며 독일식 족발까지 주문해주었다.

민재는 수정의 눈치를 살폈다. '겉멋'이니 뭐니 했던 수정의 코를 납작하게 만들어주고 싶었다. 이 정도면 당분간은 함부로 보거나 무시하지 못할 것 같았다. 말뿐이 아니라, 정말로 뭔가를 한 것이니까.

시위 참가자들이 올린 트위터를 개념 연예인이 리트윗해주는 바람에 해당 건설회사에 대한 여론이 악화되었다. 회사의 홈페이지에 항의

글이 빗발쳤다. 결국 철거팀은 오후 4시쯤 어디로부턴가 연락을 받고는 철수하고 말았다.

솔직히 말하자면 민재는 대부분의 시간을 근처 커피전문점에서 편안하게 보냈다. 가끔 나와서 합류한 것뿐이었다. 그런데 개념 있는 일을 했더니 좋은 일이 생겼다. 시위가 끝날 무렵, 한겨울 1인 시위 때 인터뷰를 해주었던 인터넷 신문 기자를 만나 전화번호를 교환했다. 은테 안경이 잘 어울리는 샤프하게 생긴 남자였다. 약간은 차가운 느낌. 그냥 하는 말인지 알 수 없었으나 민재에게 '다음에 식사나 한번 하자'고 했다.

그러나 민재의 자랑은 수정이 입을 열자마자 거대한 쓰나미에 휩쓸리고 말았다. 이번 MJ클럽 모임은 '수정의 날'이었다. 먼저, 드라마 시청률이 잘 나왔다. 1화가 14.3%였고 2화는 16.8%였다고 했다.

정인과 효선이 치켜세워주었다. 신인 작가가 초반에 그 정도 시청률을 기록한 것은 놀라운 일이라고 했다. 본방보다 인터넷으로 많이 보는 요즘 세태까지 감안해야 한다고도 했다. 알렉스까지 "몇 년 사이 본 드라마 중에서 가장 신선하고 재미있었다"고 말했다. 수정이 매력적인 남자 주인공의 '무대 뒤' 이야기를 전하며 감동까지 독차지했다.

"말 그대로 빛이 난다더라. 애가 완전 괜찮대. 선배들 일일이 찾아다니면서 인사를 하고, 자기 분량 끝내고 다른 스케줄 갈 때에는 그렇게 미안해할 수가 없더라는 거야."

그 다음은 수정의 사진 이야기. 정인이 말했다.

"우리 회사 장마녀가 네 사진 보고는 괜찮다더라."

정인이 점심 먹고 일찍 들어와 수정의 블로그를 구경하는데 뒤에서 장마녀가 한마디 하더라는 것이다.

"오! 쓸 만한데? 당신이 찍은 거야?"

정인이 친구의 블로그라고 하자, 시간 날 때마다 보겠다면서 블로그 주소를 받아 갔다는 얘기였다.

"수정이 사진을 왜 보겠대?"

효선의 질문에 정인이 대답했다.

"모르지. 장마녀도 백마녀처럼 옷뿐만 아니라 속까지 검어서 속을 알 수가 없거든. 아하하."

그리고 민재를 강타한 결정적 쓰나미. 수정이 선배의 오피스텔에 드디어 입성했다고 자랑을 했다. 미영 언니가 진실을 추궁했다.

"일은 안 하고 애정행각만 벌인 것 아니야?"

수정이 두 손을 흔들면서 정색을 했다.

"아뇨! 아뇨! 손도 잡은 적 없어요. 아니다, 손은 잡았구나."

민재를 빼고 일제히 환호했다.

"와! 축하!"

수정에게 좋은 일이 생긴 걸 축하하는 의미에서 건배.

민재는 갈증이 났다. 맥주잔을 들어 벌컥벌컥 마셨다. 모태 솔로였던 수정에게도 드디어 남자친구가 생긴 것이다. 그동안은 선배 작업을 돕는다는 구실로 실속 없이 쫓아다닌다는 느낌, 또는 이용만 당하는 것 같은 분위기였는데…… 오피스텔에서 둘만의 좋은 시간을 가졌다니. 이제는 썸 타는 수준을 지나 본격적으로 사귀는 단계로 들어선 모양이다.

민재는 맥주가 속에서 비눗방울처럼 거품을 키우는 것 같아 불편했다. 열심히 남자를 만나는 그녀에겐 아직 남자친구가 없다. 그런데 한 번도 남자가 없던 수정이 단박에, 그것도 대박 조짐을 보이는 드라마 작가를 꿰찰 줄이야.

수정이 자기에게 집중됐던 스포트라이트를 민재에게로 돌렸다.

"야! 너 골뱅이 좀 그만 골라먹어. 우리 먹을 거 없잖아. 아니다, 골뱅이만 추가하면 되겠네."

정인이 그 스포트라이트를 수정에게 다시 돌렸다.

"수정인 오늘 유독 '아니다'를 많이 하네. 자꾸 교정을 보는 느낌이야. 뭔지 모르지만 묘하게 바뀐 것 같은데?"

수정이 발끈했다.

"내가 뭘?"

민재는 그것이 사랑에 빠져도 단단히 빠진 여자의 특성이라는 걸 직감했다. 좋아하는 남자를 위해 더 좋은 모습으로 거듭나려는 노력. 방금 전 골뱅이만 해도 그렇다. 평소 성격대로 무안을 주는 말을 뱉어놓고는 '아니다'며 그걸 급히 덮으려는 의식적인 노력. 민재는 그래서 더욱 우울했다. 수정처럼 성격이 장난 아닌 애한테도 괜찮은 남자가 생겼다는데…… 목이 말랐다. 또 한 잔.

효선이 수정에게 물었다.

"그러면 당분간은 선배 작업만 돕는 거야? 드라마 공모전 같은 건 준비 안 해?"

수정이 편안한 표정으로 대답했다.

"지금은 선배 일이 중요하니까 나도 알바시간 외에는 그것만 집중하고 있어. 뭐…… 나중에는 선배의 보조작가를 거쳐서 공동작업까지 하게 되면 굳이 공모전을 준비할 필요도 없겠지?"

민재는 집에 돌아와 밤늦게까지 컴퓨터 앞에 앉아 있었다. 친구들의 페이스북을 돌았다. 오래전 친구의 새 소식이 있었다. 네 살부터 열한 살까지 바이올린을 함께 배웠던 친구였다. 바이올린을 전공해 미국의 교향악단에 들어갔다. 그 친구가 시카고 빈민가의 청소년들을 상대로 무료 콘서트를 열었다는 동영상이 올라 있었다.

옛날에는 비슷한 실력이었던 것 같다. 착각인지도 모르지만. 만일 바이올린을 계속했더라면 어떻게 됐을까. 민재는 상대적 박탈감을 느꼈다. 오늘 같은 날의 상대적 박탈감은 평소보다 훨씬 아프다. 딴에는 뭔가를 해왔지만 남들에 비해 보잘 것 없음이 드러났을 때.

사회적으로 뭔가를 이룬 것도 아니면서, 별로 잘하는 것도 없이 이도 저도 아닌 상태로 살아가는 중이다. 딱히 도전해 보고 싶은 일도 없다. 가끔은 있는 것 같기도 한데 그게 뭔지는 모르겠다. 남들은 하루가 다르게 성장하는 것 같은데, 혼자서만 도태되는 느낌이 든다. 불안해하지 말자고 스스로를 다독여도 소용이 없다. 이럴 때마다 모든 것을 내려놓고 싶은 느낌이다.

민재는 나지막하게 말했다.

"왜 이러고 사니?"

친구들 모임이고 뭐고 다 귀찮다.

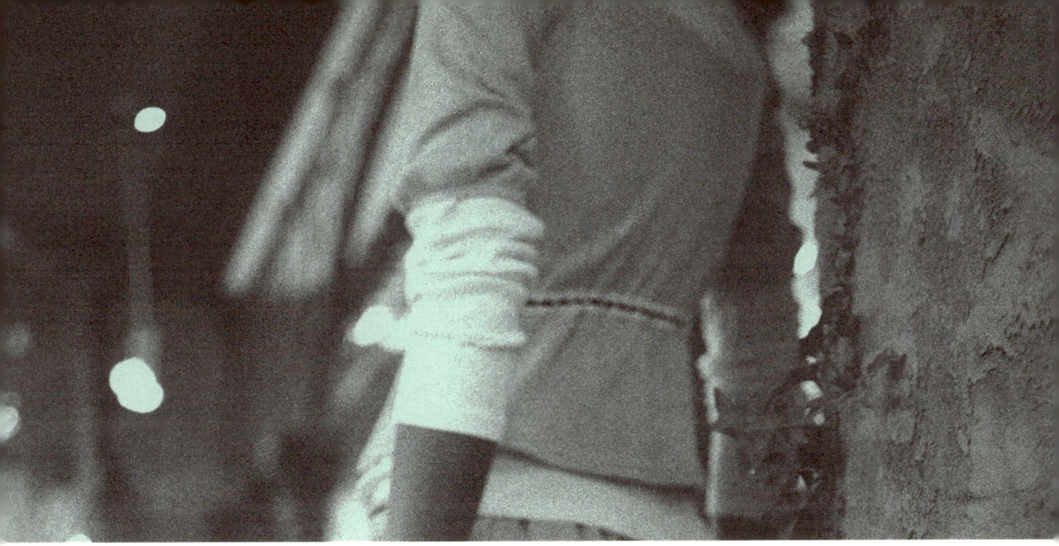

누군가를
믿는다는
것

소중한 시간은
사라지지 않는다

미영 앞에 놓인 길이 좁아졌다. 한 사람이 겨우 지날 수 있을 만큼의 허용. 길은 그렇게 끊길 듯 가냘프게 이어져 있었다. 지금까지 얼마나 많은 사람이 이 길을 오가며 그들 인생의 서사시를 써내려갔을까. 미영은 차마고도를 걷고 있다.

해발 4,000m 이상으로 인류 역사상 가장 오래된 교역로인 차마고도는 실크로드보다 앞선 것으로 알려져 있다. 마방이라 불리는 상인들이 중국의 차와 티베트의 말을 서로 사고팔기 위해 지나다녔다고 해서 차마고도다. 미영은 TV에서 차마고도에 대한 다큐멘터리를 보고 이번 휴가는 혼자 떠나 숲속의 섬을 거닐어 보기로 했다. 그 결과가 지금 차마고도 트레킹이다. 차마고도는 페루의 마추픽추 잉카, 뉴질랜드의 밀포드와 더불어 세계 3대 트레킹 코스다.

올해 서른아홉, 유통기한이 꽉 찬 통조림을 꾸역꾸역 먹어 치워야 할 것만 같은 나이. 이렇게라도 잠시 벗어나주지 않으면 마흔의 두려움과 우울에 사로잡힐 것 같았다. 겉으로는 의연한 척, 그런 것쯤은 신경 안 쓰는 척했지만.

"오! 스바라시(굉장하다)!"

뒤에서 따라오던 일본인이 감탄을 금치 못했다. 좁은 길 아래를 깎아지른 듯한 절벽. 그 장엄함으로부터 현기증이 불쑥 솟아올라왔다. 아득하게 내려다보이는 협곡 가운데 커다란 바위가 솟아 있었다. 그 바위를 딛고 호랑이가 사냥꾼을 피해 협곡을 뛰어 건넜다 하여 호도협(虎跳峽)이란다.

지난 주말, 서울 외곽에 바람을 쐬러 다녀왔다. 시원하게 뚫린 국도를 질주하다가 서울에 가까워지자 정체가 시작됐다. 빠른 속도에 적응해 있던 미영으로선 답답함을 참기 어려웠다. 미영의 20대와 30대가 그처럼 빠른 속도로 지나갔고 이제는 답답한 서른아홉이다.

바쁘게만 살아왔다. 뒤도 돌아볼 새 없이 오로지 앞만 보고 달려왔다. 그게 효율이고 성공이라고 믿었다. 하지만 과연 영혼도 그만큼의 속도로 성장했을까.

굽이치는 계곡이 하얀 포말을 일으키며 빠른 속도로 흐르고 있다. 모든 것이 그대로 멈춰 있는 듯한 하늘과 맞닿은 곳에서 오로지 계곡의 물살만이 시간의 흐름을 보여주는 듯했다. 미영은 가슴이 벅차올랐다.

차마고도에서 인간은 주연이 아니다. 입이 다물어지지 않을 정도로 웅장하게 펼쳐진 자연만이 있을 뿐이다. 누구든 그 장엄함 앞에서는 한낱 초라한 미물일 수밖에 없다. 미영은 그것을 깨닫는 순간, 그녀에게 주어진 시간들을 더욱 소중하게 받아들이기로 결심했다.

성경은 '세월을 아끼라'고 한다. 이 말은 '쉬지 말고 일하라'는 의미가 아니다. '아끼라'고 번역된 헬라어 '엑사고라조(εξηγοραζω)'는 원래 '건져 올리다'는 뜻이다.

✳✳✳✳

맞선을 장려하는 사람들이 금과옥조라며 하는 말.

'눈 딱 감고 다섯 번만 만나보면 좋은 점들이 차차 눈에 들어올 거야.'

그런데 정인과 마주 앉은 남자는 열 번을 만나도 그게 쉽지 않을 것 같다. 지난 주말에 이어 오늘 두 번째 만났다. 이모의 작품이다. 여동생의 두 딸을 끔찍하게 아껴온 이모는 그 첫째가 자력으로 준재벌집 아들을 데려오는 바람에 결혼에 공을 세우지 못한 점을 원통하게 생각했던 모양이다. 그게 아니라면 일주일이 멀다하고 엄마에게 전화를 걸어 선보라고 채근하는 이모의 행동을 납득하기가 쉽지 않다.

"그 친구는 홍콩에서 외국계 투자은행에 다니는데요. 연봉이 우리 돈으로 5억 정도 된다더라고요."

남자는 친구 자랑에 여념이 없었다. 민재만 한 키에 슈트가 어울리는 스타일. 얼굴도 꽤 생긴 편에 든다. 그런데 결정적으로 멘탈이 많이 달려 보인다. 정인은 웃는 얼굴로 그의 친구 자랑을 들어주었다. 조금 전부터 가방 속 휴대폰이 부르르 떠는 게 느껴졌다. 친구들이 SNS를 하는 것 같았다. 오늘 같은 날, 누가 번개라도 쳐주면 좋겠다. 친구들이랑 떠들면서 지금 받고 있는 스트레스 좀 풀게.

남자의 친구 자랑이 '돈 많은 친구'에서 '학벌 좋은 친구'로 바뀌었다. 웬만하면 서울대에, 좀 했다 싶으면 하버드나 MIT였다. '그렇게 떠들어대는 당신은?' 하고 묻고 싶은 마음이 굴뚝의 연기처럼 모락모락 올라왔다.

남자는 말하자면 '목도리 과'였다. 자기 주변에 이렇게 대단한 사람과 저렇게 위대한 사람이 있다면서 주워섬기는 유형. 정인이 좋아하는 소설가가 단편소설에서 정의를 내린 적이 있다. '영혼이 작은 사람만이 인간 목도리를 수집해 활용한다'고.

정인은 남자가 잠시 자리를 비운 사이에 휴대폰을 꺼내 재빨리 화면을 확인했다. '서른맞이 연말 여행'을 놓고 친구들 간에 메시지가 오가는 중이었다. 민재가 "탕웨이 본 지도 오래됐는데 상하이에 쳐들어가서 깜짝 놀라게 해주는 게 어때?" 하고 제안을 했다. 효선이 반대했다. "아기 보는 것만으로도 힘들다던데 우리까지 가서 부담 줄 필요가 있을까?" 하는 것이었다. 민재가 그러면 홍콩이 어떠냐고, 연말연시 세일기간에 맞춰 다녀오면 대박이라고 아이디어를 냈다. 수정이 쿨하게 대꾸했다.

쇼핑 여행은 너 혼자 다녀와도 되잖아.

남자가 저녁 먹으러 가자고 해서 일어났다. 오늘은 그냥 돌아가고 싶다고 말할 타이밍을 놓치고 말았다. 정인은 그를 따라 커피전문점을 나서면서 불안해졌다. 근처의 음식점에서 아무거나 먹었으면 싶었다.

지난주의 악몽이 되살아났다. 오피스텔까지 기어이 데려다주겠다더니 운전대를 잡고 진땀을 흘리던 남자. "운전하신 지 얼마 안 됐나 봐요?" 하고 묻자, 자기는 초보가 아니라면서 바득바득 우겼다. 간이 콩알만 해지는 순간의 연속, 바짝 긴장한 남자는 입을 꾹 다문 채 땀만 흘렸다. 택시 아저씨에게 욕을 먹고 우회전을 몇 번이나 놓치는 천신만고 끝에 목적지에 도착했었다.

그렇게 고생을 해놓고…… 설마 오늘도 차를 가지고 나왔을까 싶었다. 남자가 유료주차장으로 들어섰을 때, 정인은 뒤로 돌아 냅다 도망치고 싶었다. 지금이라도 늦지 않았다. 무슨 핑계를 대지? 정신 사나운데 가방 안에서 끊임없이 부르르 떠는 휴대폰.

가뜩이나 더운 날씨에, 스트레스 때문에 골치가 지끈지끈 아파왔다.

"타시죠."

남자의 말에 고개를 들어보니 비딱하게 세워진 채 두 자리를 차지하고 있는 자동차. 운전석 앞 유리에 종이가 끼워져 있었다. 누군가 굵은 글씨로 이렇게 써 놓았다.

이럴 거면 차 몰고 나오지 마세요!

20대의 마지막 여름을

민재가 철거반대 시위에서 만났던 남자 기자한테서 연락을 받은 것은 이번 달 초였다. 그녀는 이상형이던 '든 남자'를 처음 만났다. 말 통하고 의식 있는 남자의 차원을 넘어섰다. 예술영화부터 아방가르드한 음악, 베스트셀러에 이르기까지 두루 섭렵한 해박함에 기가 질리면서도 마음이 뿌듯했다. 헤어질 무렵, 그의 사귀자는 고백이 그녀의 가슴을 콩닥거리게 했다. 집 앞까지 데려다주는 매너까지도 좋았다.

민재는 이번엔 정말 잘해보려고 했다. 하지만 남자에게선 연락이 드문드문 왔다. 바쁘다는 것이었다. 아무리 그래도 사귀기로 했으면 하루 서너 번은 안부를 물어주는 게 기본인데, 이 남자한테는 그런 세심함이 없었다. 역시 차가운 도시 남자 느낌이 맞는 것 같았다. 화가 나서 우는 소리를 좀 했더니 바로 효과가 나타났다. 종일 영화를 보고 초저녁에 깜빡 졸다가 그의 문자에 잠이 확 달아났다.

지금 뭐 해?

민재는 잠깐 틈을 두었다가 답문을 보냈다.

집에서 책 보는 중.

그녀는 회심의 미소를 지었다. 무슨 옷을 입고 나갈까 궁리를 하며 '왜요?' 하고 물었다. 기대에 부풀던 풍선을 그가 바늘로 찔러 터뜨렸다.

알았어. 책 봐. 이런 문자를 자주 해달라는 거지?

약이 바짝 올라 휴대폰을 침대 위에 던져버렸다. 벽에 부딪혔는지 케이스가 분리되면서 배터리가 빠졌다. 맥주가 급고파졌다. 엄마 슬리퍼를 질질 끌고 편의점에 가서 맥주와 마른안주를 잔뜩 샀다. 그런데 아파트 현관 입구에 남자 하나가 서 있었다. 빨간 장미를 한 송이 들고 있었다. 앗!

그 사람이었다. 그제야 상황파악이 됐다. 근처에 와서는 깜짝 이벤트를 하려던 거였다. 그런데 이 꼴이 뭐야? 화장은 고사하고 세수조차 안 한 데다 추리닝 바람이었다. 게다가 엄마 슬리퍼. 어떡하지? 이런 모습을 보여줄 순 없었다. 어떻게든 위로 올라가서 준비를 마친 다음 다시 내려와야 했다. 추리닝에 후드라도 달렸더라면 뒤집어쓰고 슬쩍 지나칠 텐데.

그 순간 눈이 마주쳤다. 민재는 자포자기 심정으로 겸연쩍게 웃으며 그에게 다가갔다. 그런데 어째 분위기가 이상했다. 그가 그녀를 힐끗 보고는 다른 데로 눈을 돌리는 것이었다. 민재는 충격 받은 마음을 애써 추스르며 현관의 비밀번호를 누르고 안으로 들어갔다. 어떻게 여자 친구를 못 알아볼 수 있을까. 메이크업을 안 했다지만. 슬쩍 돌아보니 그는 어느새 휴대폰을 귀에 대고 있었다.

그래도 실망을, 기쁨이 이겨냈다. 집에 들어가자마자 휴대폰에 배터리를 끼워 그에게 전화를 걸었다. 통화 중이었다. 한 손에 전화를 들고, 다른 손으로 옷을 헤집으며 부리나케 준비를 했다. 창밖으로 고개를 내밀어 현관을 내려다보았지만, 그는 그 자리에 없었다.

머리는 감을 시간이 없으니 모자를 쓰면 되겠고……. 물티슈로 얼굴을 적당히 닦고 화장을 하며 또 전화를 걸었다. 여전히 불통이었다. 초조하게 방 안을 왔다갔다하는데 그에게서 전화가 왔다.

"아까는 전화기 꺼져 있더니……. 사건이 생겨서 현장 취재 가는 중이야. 또 연락할게."

맥주 사러 안 나갔더라면 적당히 준비하고 내려가 그의 꽃만이라도 받아 왔을 것이다. 잠깐을 못 참은 성질 때문이었다. 민재는 그러나 그걸 인정하기 싫었다. 재수 없는 휴대폰이 보였다. 마침 신형으로 바꾸고 싶었는데 잘됐다.

✳✳✳✳

장마녀는 정인의 시놉시스에서 작은 흠이라도 찾아낼 것처럼 샅샅이 살폈다. 그러고는 말했다.

"괜찮은 것 같은데. 외양이나 성격이 확연히 다르고 사이까지 좋지 않은 두 딸을 키우는 엄마의 관점이라……. 이건 한번 써볼 만해."

정인은 기쁜 표정을 감추지 못했다. 드디어 장마녀의 까다로운 심술을 뛰어넘은 것이다. 게다가 금요일 재택근무라니……. 매주 3일의 연

휴가 생긴다. 장마녀가 그런 정인의 표정을 살피고는 덧붙였다.

"그렇게 티 나게 좋아하면 내가 미안하잖아. 한국말은 끝까지 들어봐야 돼. 이런 주제는 시놉시스만 가지고 판단하기 어려울 것 같아. 게다가 어디서 본 듯한 주제인 것 같기도 하고. 그래서 말인데…… 이번 주말에 200자 원고지 10장 분량으로 도입부를 써가지고 와봐. 쓰면서 자기검열 스위치가 확실하게 켜져 있는지도 확인하고 말이야. 그것까지 보고 나서 괜찮으면 진짜 다음 주부터 매주 금요일 재택근무시켜준다, 내가."

'본 듯한'이니 '자기검열 스위치'니 하면서 표절시비 트라우마까지 건드리는 장마녀였다. 맥이 빠졌다. 장마녀가 그렇게 호락호락 남 좋은 일을 시켜줄 턱이 없었다.

토요일 아침, 정인은 일찍 일어나 컴퓨터를 마주하고 앉았다. 한 문장을 썼다가 지웠다. 두 줄을 써놓고는 몇 번을 되뇌다가 삭제했다. 그렇게 한 시간이 지났고 화면은 그대로였다. 분명, 시놉시스를 완성할 때까지는 머릿속에 별의별 아이디어가 많았다.

그런데 지금은 어떻게 이야기를 시작해야 할지 판단이 서지 않았다. 임팩트가 있는 첫 문장을 만들어보려고 했다. 하지만 시간이 흐르는 사이, 그녀의 집념을 죄고 있던 나사가 시계 반대 방향으로 풀려버렸다.

창밖의 날씨가 변덕 부리는 것을 물끄러미 바라보았다. 한낮인데도 갑자기 어두워지고 천둥을 동반한 비가 억수처럼 쏟아졌다. 그러다 10분도 지나지 않아 언제 그랬냐는 듯 맑은 햇살이 나타났다. 그것마저 '장마녀'의 장마철 심술 같았다. 침대에 누워 휴대폰으로 TV를 보았다. 마침 수정 남자친구의 드라마가 재방송 중이었다. 남자친구는 감각적이고 세련된

사람 같았다. 드라마가 끝나면 모임에 데려와 인사를 시켜준다고 했다.

마음의 갈피를 잡지 못한 채 토요일 하루를 무기력 속에서 보내버리고 말았다. 일요일도 마찬가지였다. 인터넷 서핑을 하면서 아무짝에도 쓸모없는 연예인 뉴스만 보다가 오후가 되어서야 시간이 얼마 없다는 사실을 깨달았다. 노트북을 가방에 넣어 회사로 갔다. 집에서 스스로를 다잡지 못한다면 방법이 없었다. 환경을 바꿔보는 수밖에. 스스로도 그런 자신이 싫었다.

텅 빈 사무실에서 커피를 조금씩 입에 머금으며 창밖으로 지나가는 자동차 무리를 구경했다. 20대의 마지막 여름, 그 찬란한 오후를 이렇게 한심하게 보내야 한다는 아련함에 괜히 목이 메었다.

그리고 월요일. 정인은 조금 일찍 출근해 장마녀에게 말했다.

"재택근무 포기할게요. 회사 일 하면서 짬짬이 써도 충분할 것 같아요."

말은 그렇게 했으나 자신감은 바닥이었다. 과연 올해 안에 끝낼 수나 있을까. 소설가로 등단한다면 사장에게 특별대우를 요구하겠다는 부푼 꿈을 얼마 전까지 꾸었다. 다시 소설 담당 편집자로 발령을 내주는 게 첫 번째. 명색이 등단 소설가이므로 그 처우에 맞게 외국 유명작가의 번역서만 편집을 담당하도록 업무를 조정해주는 것이 두 번째였다. 소설가가 국내 다른 소설가의 작품을 편집한다는 게 자존심 상하는 일이니까.

하지만 현실은 그런 꿈과 거리가 멀었다. 등단을 하지 못한다면…….
문학 쪽으로 되돌아가는 것은 기약할 수 없는 꿈이 되어버린다. 그보다 더욱 두려운 가능성이 있다. 3팀에 계속 남아 마음 안 맞는 사람들과 억지로 어울리며 자기계발서나 만들어야 할지도 모른다는.

　오피스텔의 독립생활을 이어가려면 다른 방법이 없다. 내년에도, 확실한 대안을 만들어내지 못한다면 내후년에도……. 그 시커먼 가능성이 정인 앞에 성큼 다가온 것 같았다.

　장마녀가 정인의 속을 들여다보고 있는 것처럼 천연덕스럽게 웃었다.

믿음이라는 양날

수정이 작업실에 도착했을 때 선배는 엉뚱한 작업에 쫓기는 중이었다. 방송사 홍보팀에서 사보용 원고를 써달라는 긴급 청탁을 받았다고 했다. 시청률이 20%를 넘으며 대박 조짐을 보이고 있다.

"잠깐만 기다려줄래? 거의 마무리됐으니까."

잠시 후 사보 원고 작업을 끝낸 선배가 예의 천진난만해 보이는 웃음을 지으면서 말했다.

"프로필 사진이 필요하다던데, 수정이 네가 찍어주면 좋겠다."

촬영 조건을 세팅하면서 속으로 조금 떨렸다. 여섯 달 정도 만나왔지만 선배의 얼굴을 카메라에 담는 건 처음이었다. 수정은 사진을 찍으면서 부담감을 많이 느꼈다. 평소 거리를 다닐 때에는 안면에 철판을 깔고 렌즈를 들이댔다. 거리낌 없이 척척 찍어대고는 마치 '당신 찍은 거 아니거든?' 하는 투로 당당하게 지나쳤다. 그런데 이상하게 선배한 테는 감히 렌즈를 겨눠볼 생각도 해본 적이 없다.

수정은 다양한 포즈와 각도로 수십 컷을 찍은 뒤에야 그 이유를 깨달았다. 그가 원할 때까지 기다려왔던 것 같다. A컷 몇 가지를 골라 선배에게 보여주었다. 선배가 그 중에서 두 개를 선택했다.

15화 이후의 대본 원고를 체크하던 중 선배가 방송사 PD로부터 문자를 받았다. 인터넷에 뜬 기사들을 링크한 내용이었다. 극중 가연 역할을 맡은 아이돌의 깜짝 변신이 며칠 전부터 화제였다. 나이답지 않게 깊은 내면 연기를 보여주어 여자 주인공에 버금가는 인기를 누리고 있었다.

선배와 컴퓨터로 기사를 보고 있는데, PD가 전화를 걸어왔다. 통화 내용을 들어보니 선배를 찾는 곳이 많은 것 같았다. 인터뷰를 하자는 매체에서부터 강연을 해달라는 곳, 심지어는 미녀 드라마 작가와 커플 콘셉트의 화보를 찍어보자는 제안까지 있었다고 했다.

수정은 통화가 길어지는 사이, 다른 뉴스를 검색해보았다. 선배의 이름까지 거론된 기사가 헤아리기 어려울 정도로 많이 나와 있었다. '신인작가가 일궈낸 대박 드라마', '막장 시대에 순수의 감동을 일깨우다!' 수정은 제목을 훑어보면서 기분 좋은 미소를 지었다.

그런데 화면이 몇 차례 바뀌어도 여전히 끝나지 않는 기사 목록들을 보다가 갑자기 묘한 느낌이 들었다. 손을 뻗치면 닿을 거리에서 통화 중인 선배가 어쩐지 멀어진 것만 같았다. 가까이에 있지만 더 이상은 가까운 사람이 아닌 것 같은.

그것은 불안 혹은 두려움이라는 감정이었다. 성공한, 그래서 달라진 선배가 그녀에게서 멀어질 것만 같은 예감.

수정은 형식 선배를 예전부터 동경해왔다. 좋아한다. 그러나 선배의 마음은 모르겠다. 확인하고 싶은 충동을 그동안 외면해왔다. 이대로 조심스럽게 지내는 게 좋을 것 같다. 그냥 적당한 거리에서 썸을 타는 정도로. 그래서 두려운 것인지도 모른다. 확실하지 않으니까 불안하고, 확인하자니 혹시 아닐까 봐 겁이 나고.

"역시……."

선배가 전화를 끊고는 수정을 보았다.

"네가 내 대본에 행운을 갖고 들어왔나 봐. 극중 가연의 비중을 높이기로 했어. 그리고 방송이 4회 정도 늘어날 수도 있다네? 확정된 것은 아니지만 미리 염두에 두고 있는 게 좋겠다고."

수정이 웃으면서 하이파이브를 하려는데 선배가 이렇게 덧붙였다.

"우리 둘이 머리를 더 짜내야겠어. 잘됐지 뭐."

****

민재는 모임에 일찍 도착해 정인에게 답답한 마음을 털어놓았다.

"남자들은 왜 그렇게 자기밖에 모르지? 걱정해주는 사람 마음은 왜 이해를 못 하는 거야?"

정인이 노트북 컴퓨터의 키보드를 두드리며 대꾸를 해주었다.

"남자라는 동물이 그렇게 설계되어 있다고 그러더라. 남의 감정을 헤아리기보다는 자기 필요를 우선으로 여기기 때문이라고."

민재는 정인이 걸려온 전화를 받느라 밖에 나간 사이, 정인의 노트북 컴퓨터를 끌어다 자기 앞에 놓았다. 인터넷에서 남자친구가 오늘 쓴 기사를 찾아보고 싶어서였다. 그런데 정인이 열어놓은 문서항목이 눈에 들어왔다. 그 가운데 매우 친숙한 이름의 폴더 하나가 있었다. 폴더 이름이 'MJ'였다.

MJ 폴더를 열자 친구들 각각에 대한 항목들이 동해안 바닷가의 마른 오징어처럼 가지런하게 펼쳐져 있었다. 문서에는 굵은 서체 혹은 밑줄 표시가 되어 있는 키워드들이 보였다. 자세히 볼 필요도 없이 어떤 얘긴지 짐작이 갔다. 민재는 자신에 대한 부분을 훑어본 뒤 컴퓨터를 원래 방향으로 돌려놓았다.

이번 모임은 원래의 금요일에서 목요일로 갑자기 당겨졌다. 수정이 그렇게 하자고 했다.

미안해. 이번만 모임 날짜를 내일로 하루 앞당길 수 없을까? 금요일은 갑자기 일이 생겨서…….

또 '그놈의 선배' 때문일 것이다. 미영 언니와 정인이 그러자고 했고 효선 역시 반응이 없는 것으로 보아 동의하는 것 같았다. 그런데 오늘, 효선이 연락두절이었다. SNS에 답글이 없었고 전화 또한 받지 않았다. 수정은 이따 보자고 하더니, 약속시간 40분이 지난 후에야 "미안. 오늘 못 갈 것 같아" 하고는 메시지를 보내왔다.

"얘, 뭐니? 누구 때문에 우리가 모임을 앞당긴 건데?"

민재는 정인에게 불만을 토로했다. 최고 수준이라는 인도요리 전문점의 탄두리 치킨도, 커리도, 라씨도 맛을 느낄 수 없었다. 민재는 유일한 남성이자 깍두기 멤버인 알렉스에게 물어보았다. 정인의 말처럼 남자들이 전부 그런지 알고 싶었다.

"남자들은 궁금하지도 않은가요? 여자친구가 지금 어떤지, 점심은 잘 챙겨 먹고, 혹시 속상한 일은 없는지 말이에요."

알렉스가 웃으면서 말했다.

"그리스 신화의 오르페우스 얘기, 들어보셨죠? 독사에게 물려 죽은 아내 에우리디케를 찾아 지옥으로 내려간 얘기요."

오르페우스는 저승의 왕 하데스를 만나 그 앞에서 리라(오늘의 하프)를 연주해 감동시킨다. 하데스는 오르페우스가 아내를 데려가도록 허락한다. 다만 절대로 뒤를 돌아보지 말라는 당부를 한다. 오르페우스는 끝나지 않을 것 같은 어둠의 세계를 걸으면서 미칠 것처럼 궁금했다. 아내가 뒤에서 오고 있는지, 잘 따라오고 있다면 왜 기척이 들리지 않는지.
그래도 아내를 믿어야 했다. 믿음이 흔들리자 불신의 싹이 텄고, 그것을 참지 못한 그가 뒤를 돌아보았다. 그 순간, 아내가 디딘 곳이 무너지며 땅속으로 떨어져 버렸다.

"저는 남자의 사랑 방식을 은유적으로 가장 잘 보여주는 게 바로 오르페우스 이야기라고 생각해요. 굳게 흔들림 없이 믿는 것 말이죠. 그런데 이런 믿음에는 이중적인 속성이 있어요. 굳게 믿으니까 의심을 하지 않는다는 측면과, 믿으니까 일일이 확인하거나 걱정하지 않는다는 측면 말이에요. 오르페우스 이야기도 여러 가지여서 '왜 나를 안 봐주느냐'는 아내의 투정을 이기지 못해 돌아본 것이라는 내용도 있어요."

민재는 평소의 알렉스답지 않게 바보같은 얘기라고 생각했다.

민재는 자리에 없는 수정에게 짜증을 냈다.

"그런데 수정이 걔는 우리 모임을 하겠다는 거야, 말겠다는 거야?"

기묘한 납치와 구금

효선은 남편에게 기습적인 감금을 당했다.

시어머니가 월요일부터 토요일까지 친구분들과 알래스카 여행을 떠났다. 두발 뻗고 편안하게 지냈다. 그런데 수요일, 출근했던 남편이 점심시간이 지나자마자 허겁지겁 돌아왔다. 남편은 큰일 났다면서 서둘러 짐을 꾸렸다.

"갑자기 왜 그래? 무슨 일인데?"

효선의 묻는 말에 남편은 급하다고만 했다. 효선도 피난이라도 가는 것처럼 옷가지 몇 개만 쌌다. 남편이 집을 나서기 전에 효선의 휴대폰을 빼앗아 전원을 끄고는 테이블 위에 놓았다. 영문을 알 수 없었다. 그녀는 차를 타고 가면서 온갖 상상을 해보았다. 회사에서 무슨 일이 생겼나? 아니면 엄마와의 일을 남편이 알게 된 것이 아닐까?

남편은 이렇게 말할 뿐이었다.

"가보면 알아. 우리 이제 큰일 난 거야."

그녀는 서울 중심가의 호텔에 도착해서도 무슨 일이 생겼는지 알 수 없었다. 남편은 호텔방에 들어가자마자 커튼을 걷었다. 그리고 "와! 전망이 끝내주는구나" 한마디 하고는 침대에 누워 크게 기지개를 켰다. 효선은 불안하게 선 채로 남편을 재촉했다.

"무슨 일이야? 갑자기 왜 그러는데?"

남편이 어이없다는 표정으로 그녀를 보았다.

"무슨 일이라니? 보고도 몰라?"

그의 얼굴에 장난스러운 웃음이 번졌다. 효선은 기가 막혔다. 시어머니가 안 계신 틈을 탄 호텔 휴가 패키지였다. 금요일 오후까지 2박 3일. 시어머니가 토요일에 돌아오시니까 금요일에 돌아가 청소와 준비를 해놓으면……. 아! 금요일 저녁에는 MJ클럽 모임도 예정되어 있다.

그런데 왜 갑자기 호텔 휴가 패키지? 남편에게 따졌다. 이런 황당한 짓을 할 돈이 어디서 나왔느냐고. 월급통장은 효선이 갖고 있는 데다 시어머니가 휴가를 즐기라고 예약을 해주었을 리도 없었다. 남편은 어쩌다 보니 이렇게 됐다고만 했다. 마침내 효선은 '철없는 부잣집 도련님의 호사'라고 단정 짓기에 이르렀다. 어릴 때부터 풍족하게 살았으니까 그에게는 가끔 이런 즐거움을 누리는 게 당연할 수도 있는 것이다.

1인용 소파에 앉아 낮잠을 자는 남편을 가만히 바라보았다. 사람 좋은 그를 속이고 있다는 자책감과, 그에게 외면당할 날이 머지않았을 거라는 두려움에 가슴이 아파왔다. 남편이 그녀의 휴대폰을 집에 놓고 왔기 때문에 연락이 올 곳도 없었다. 특히 엄마의 전화.

바깥세상과 차단된 곳에서 효선은 감금생활을 즐겼다. 느지막이 일

어나 브런치를 먹고 스파를 이용했다. 남편이 빌려온 만화책을 보면서 침대를 뒹굴고 키득거렸다. 호텔 서비스에서 영화 블루레이를 빌려다 감상하기도 했다.

그렇게 꿈같은 사흘이 지나갔다. 남편이 체크아웃 수속을 밟는 사이, 효선은 호텔 로비에 앉아 행복했던 휴가의 여운을 느끼고 있었다. 그런데 남편의 가방 앞쪽에서 부르르 떠는 소리가 들렸다. 휴대폰이었다. 회사나 시어머니한테서 온 급한 연락일 수도 있다는 생각이 들었다. 지퍼를 열자 떨고 있는 남편의 휴대폰이 보였다. 화면을 확인한 그녀의 가슴이 철렁 내려앉았다. 엄마였다.

소나기가 올 거라는 예보를 확인이라도 해주는 것처럼 밖에 짙은 먹구름이 드리우기 시작했다. 효선의 마음속은 더욱 어두워졌다.

✳✳✳✳

수정이 휴대폰 화면을 누르자 효선이 보낸 SNS 내용이 떴다.

시원한 데 가서 점심 먹고 올 사람?

정인은 근무 중이고, 민재는 엄마랑 외출한다고 했다. 수정은 나흘 동안 아르바이트 공백기였다. SNS에서 민재의 추궁에 답하다가 이런 얘기를 올렸던 것을 효선이 기억에 담아두었을 것이다.

수정은 답글을 달았다.

나. 같이 가.

당연히, 효선과 둘만의 점심이 내키지는 않았다. 수정은 어디로 갈지 묻는 효선에게 두물머리에 가보자고 했다.

“사방이 뻥 뚫린 데다 물 천지니까 시원할 거야.”

두물머리 가보기는 수정의 ‘스물아홉 버킷리스트’ 중의 하나이기도 했다. 운전을 하는 효선에게서 수다스러워졌다는 느낌을 받았다. 수정도 맞장구를 쳐주며 떠들었다. 수다를 떨면 확실히 기분이 좋아진다. 수다라는 게 그런 것 같다. 뭐랄까 ‘너도 나와 크게 다르지는 않구나’ 하는 안심의 확인 과정이랄까?

효선이 주차장으로 진입하면서 말했다.

“나, 친구가 너희들밖에 없어. 앞으로도 10년, 20년, 나이 들어서까지도 잘 지냈으면 좋겠어.”

그 말에서는 진심이 느껴졌다. 수정은 고개를 끄덕이며 작은 소리로 대답해주었다.

“나도 그래.”

남한강과 북한강이 만나 합수하는 지점, 두물머리. 물에 띄워놓은 나룻배처럼 시간이 천천히 흘러가는 게 보이는 듯했다. 깊고 고요하며 평화로운 물, 그리고 건너편의 아련한 산자락들.

“와! 여기 정말 좋다!”

효선이 감탄을 하고는 숨을 깊이 들이마셨다. 수정도 그랬다. 마음의 평화를 그림으로 표현할 수 있다면 이런 풍경일 것이다. 400년 됐다는 느티나무를 올려다보는 효선의 옆모습을 올려 찍었다. 효선이 역시 예쁘기는 예뻤다. 느티나무는 한 그루처럼 보여도, 사실은 세 그루가 한데 어우러진 것이라고 안내문에 나와 있다.

커다란 나무 그늘 아래 벤치에서 쉬는 사람들의 모습을 역광 실루엣으로 사진에 담았다. 그리고 조그만 선착장. 작은 나룻배가 떠 있었다.

선착장의 나무데크 위를 한 소녀가 걸어갔다. 소녀는 넓게 펼쳐진 강을 마주보며 시원한 바람이라도 부르는 듯한 동작으로 양팔을 폈다. 구름 사이로 햇살이 스며 나왔다. 수정은 소녀의 뒷모습에 홀려 정신없이 사진을 찍어댔다.

"조용해서 더 좋아. 서울 근처에 이런 곳이 있었네."

효선이 말했다. 수정은 고개를 끄덕였다. 도시에서 묻혀온 온갖 소음과 번잡함이 강물에 씻겨 내려가는 느낌이었다. 두 사람은 잔잔히 흐르는 물을 말없이 한동안 바라보았다.

효선이 말없이 물을 지켜보다가 물었다.

"그런데 넌 지금 행복하니?"

수정은 고개를 돌려 효선을 마주보았다. 어떤 표정으로 그런 질문을 하는지 확인해야 했다. 하지만 무슨 의도인지는 알 수 없었다. 수정은 다시 강으로 시선을 옮기며 대답했다.

"행복해. 그런데 잘 모르겠어."

그녀는 혼란스러웠다. 선배가 과연 그녀를 믿고 있는지. 믿음은 한쪽만의 그것으로는 온전치 않을 것 같았다. 그 사이에도 강은 쉬지 않았다. 쉼없이 흐르고 있었다.

우리,
이대로
괜찮은 걸까?

발칸의 장미

수정은 극장에서 나오며 용기를 내어 선배의 팔짱을 꼈다. 선배는 움찔했지만 이내 그녀의 손을 받아들였다. 이 정도면 '썸남썸녀' 수준은 된 건가?

선배의 드라마가 어제 최고 시청률 기록을 경신했다. 24.84%. 아슬아슬하게 25%에 못 미치는 기록이었다. 밤늦게 선배가 문자를 보냈다.

내일 알바 쉰다고 했지? 오후에 만날까? 영화도 보고.

수정은 가슴이 두근대는 바람에 두 시간도 못 잤다. 오늘 '스물아홉의 버킷리스트' 가운데 두 개를 단번에 해결했다. 하나는 '선배와 영화 보기', 다른 하나는 '서른이 되기 전에 미니스커트 입고 시내 활보하기'였다.

세상에서 가장 좋은 향수의 원액이 어디서 나오는지 아니? 유럽 발칸지방의 장미에서 나온다고 해. 그런데 그곳에선 자정에서 새벽 2시 사이에만 장미를 딴다더라. 가장 춥고 어두운 시간에 그 향기가 가장 짙기 때문이래. 너를 볼 때면 늘 발칸의 장미가 생각나곤 했어.

남자 주인공의 이 대사로 인해 '발칸의 장미'가 실시간 검색어 1위에 오르고 그 장면을 캡처한 동영상이 수십만 건 이상 조회되는 등 하루 종일 떠들썩했다. 선배가 방송 연장이 결정됐다고 수정에게 알려주었다. 6화분이 늘어나 26화까지 대본을 준비해야 한다는 얘기였다. 저녁을 먹으면서 18화 이후의 이야기 구조를 어떻게 뜯어고칠지를 논의했다. 집에 돌아와 샤워를 하고 나왔더니 미영 언니의 단체 SNS가 들어와 있었다.

이거, 수정이 얘기하는 것 아니니?

언니가 붙여놓은 인터넷 기사를 누르자 형식 선배의 얼굴이 나타났다. 선배가 신문과 인터뷰를 한 내용이었다. 작은 제목 중에 이런 게 있었다. '가연은 아끼는 후배에게서 빌려온 캐릭터.' 수정은 인터뷰 내용을 한 글자씩 세는 기분으로 읽었다. 글자와 글자 사이에 스며 있는 선배의 감정 하나도 놓치기 싫었다. '아끼는'이라는 표현이 어느 정도의 감정인지 확인하고 싶었다.

하지만 샅샅이 읽어도 선배가 언급한 내용은 그게 전부였다. 수정은 그러나 선배가 그녀의 도움을 받았다는 사실을 공개적으로 밝혀주었다는 부분에서 눈물이 찔끔 나올 정도로 감동을 받았다. 그 감동을 선배에게 이야기하고 싶었다. 전화를 걸려다가 시간을 확인하고는 그만두었다. 선배가 피트니스센터에 있을 시간이었다. 친구들까지 기사를 읽고는 문자를 보내왔다.

축하해. 네 노력이 헛되지 않았네.(효선)

한꺼번에 몰아서 봤어. 결말이 어떻게 되니? 궁금해 미치겠어.(민재)

방송사의 시청자 게시판이 가연의 해피엔딩을 원하는 글로 들끓고 있지만, 선배와 수정은 그 부분에선 타협을 하지 않기로 이미 정했다. 해피엔딩은 없다. 현실처럼. 그러나 아름다운 비극으로 막을 내릴 것이다. 민재가 드라마를 챙겨보고 있다는 부분은 고마웠다. 이렇게 답했다.

스포일러 없음. 모르고 보는 게 훨씬 재미있을 거야.

정인은 축하 외에 이런 글까지 보내주었다.

장마녀가 네 사진을 우리가 만드는 책에 사용할 수 있겠느냐고 물어봐달라네? 원고료는 지급할 거고. 생각 있으면 여러 가지 주제별로 다양한 사진들을 보내줘.

수정은 하늘을 둥둥 떠다니는 것 같은 기분이었다. 이런 날이 오다니.

아침에 일어나면 똑같은 하루가 반복된다는 설정의 영화 〈사랑의 블랙홀〉처럼 그녀의 오늘 하루 또한 내일도 그대로 펼쳐진다면 얼마나 좋을지 생각해보았다.

아니, 스물아홉이 오는 12월 31일 이후에도 다시 시작된다면.

✻✻✻✻

사장이 벌떡 일어나 고개를 90도 숙였다. 정인은 이를 외면했다.

"고맙습니다. 열심히 만들어보겠습니다."

상대는 서른네 살의 외식업 체인 사장이었다. 어린 시절부터 친척집을 전전하며 성장, 독하게 자수성가한 이력을 지닌 사람이었다. 아무리 그래도 단행본업계 10위 안에 드는 회사 사장이 스무 살 아래, 그것도 책 한 권 써본 적이 없는 예비 저자에게 머리를 조아리는 모습은 보기 부담스러웠다. 여러 출판사가 그의 책을 내겠다며 달려든다고는 하지만.

회사 안에서는 입만 열면 실적 타령으로 스트레스를 주던 사장이었다. 그런데 밖에 나와서는 새파랗게 어린 상대에게 무릎이라도 꿇을 기세로 애원을 했다. 예상치 못했던 두 얼굴. 정인은 사장의 그런 태도에 자존심이 상했다. 돌아오는 길에 장마녀에게 불평을 했다.

"돈 앞에선 자존심도 없나 봐요? 아까 사장님이 그 사람한테 넙죽 절을 할 때는 제 얼굴이 다 뜨겁더라고요."

장마녀가 웃으면서 언어의 비수로 정인을 찔렀다.

"그렇게 해서 월급값 못 하는 당신 월급 주잖아. 당신도 책임지는 자리에 올라보면 알게 돼. 자존심은 잠깐의 기분이지만 계약이나 실적은 몇 달 또는 몇 년 먹고 사는 차원의 문제이니까."

그래도 정인에겐 자존심이 중요했다. 어떻게든 소설 담당으로 돌아가 상처받은 자존심을 회복하고 싶었다. 자리가 나면 연락달라고 부탁했던 선배들로부터는 연락이 없고, 그 대신 몇몇 대형 출판사가 강도 높은 구조조정을 실시했다는 소식이 들려왔다.

구조조정은 중견 출판사들에까지 확산되면서 출판사들이 몰려 있는 몇몇 동네의 분위기까지 어둡게 하고 있었다. 다행히도 정인의 회사에는 아직 움직임이 없다. 하지만 만일 여기까지 감원 한파가 몰아쳐온다면? 따질 것도 없다. 정인 같은 부류가 첫 번째 대상이 될 것이다. 3팀에 온 이후로는 적당히 시간만 때우고 있는…… 장마녀가 신호에 맞춰 브레이크를 밟으면서 정인에게 말했다.

"당신 취향의 좋은 책, 베스트셀러가 아닌 책, 오랫동안 기억될 책, 그런 책을 나도 만들고야 싶지. 그런데 말이지, 일단 살아남아야 그런 걸 만들 거 아니야? 스마트폰만 보는 시대잖아."

장마녀의 말 중에서 '일단 살아남아야'가 귀에 걸렸다. 정인은 운전 중인 장마녀의 눈치를 슬쩍 살폈다. 구조조정이 불가피할 경우, 정인에 대해서는 장마녀가 칼자루를 쥐게 될 것이다.

하지만 정인은 지금의 생활을 유지하기 위해서는 다른 방법이 없다. 이 회사에, 그것도 장마녀 밑에 어떻게든 매달려서 버텨야 한다. 장마녀가 일단 살아남아야 좋은 책을 만들 수 있다는 것처럼, 정인 역시 일단 월급을 받아야 오피스텔 월세와 관리비를 내고, 밥을 먹는 것은 물론 좋아하는 커피도 마실 수 있는 것이다.

등단 문턱까지 갔던 소설가 혹은 소설 편집자로서의 자존심을 고집할 때가 아니었다. 장마녀의 말처럼 죄다 책은 안 들고 스마트폰만 들고 있는 시대다.

아무리 어쩔 수 없다지만 이렇게 타협을 해야만 하는 현실.

얼마 전까지만 해도 현실의 날카로운 모서리에 부딪힐 때마다 선배들을 보며 원망했다. 현실과 적당히 타협해 살아가는 그들의 모습이 한심해 보이기만 했다. 그런데…… 그게 이제는 남의 얘기가 아니다. 나이 들어간다는 의미가 이런 것일까.

한여름밤의 불꽃놀이

민재는 국 담당이었다. 아스팔트의 열기가 올라오는 한낮의 찜통더위. 그런 더위 속에서 뜨거운 국을 배식하려니 고온 사우나에 들어온 것처럼 견디기 힘들었다. 그래도 불쌍한 할아버지들에게 한 끼 봉사하겠다는 기쁜 마음을 놓지 않기 위해 웃는 얼굴로 국을 펐다.

30분 정도 하다 보니까 적응이 되어 한 국자에 들어가는 어묵의 개수가 일정해졌다. 한 시간이 지나자 손목이 끊어질 것처럼 아팠다. 하지만 길게 늘어섰던 줄의 끝이 보이는 게 위로가 되었다.

민재는 아끼는 연한 하늘색 원피스를 입고 나온 걸 후회했다. 남자친구의 오늘 취재 일정이 이 근처라고 해서 잠깐이라도 만날 수 있지 않을까 하는 기대로 고른 옷이었다. 그러나 이런 날씨의 배식 봉사란 게 어떤 것인지 몰라도 너무 몰랐다. 어깨와 등이 땀으로 젖어 원피스가 찰싹 달라붙는 바람에 신경이 쓰였다. 빨리 끝내고 집에 돌아가 샤워를 하고 싶었다. 그때 누군가 뒤에서 어깨에 손을 올렸다. 민재는 웃음을 지으며 돌아보았다. 남자친구일 것이다. 역시 취재를 마치고 궁금해서…….

"까악!"

민재는 비명을 지르며 들고 있던 국자를 떨어뜨렸다. 하필이면 옆에서 밥을 퍼주던 남자 대학생의 왼쪽 발에 국물이 쏟아졌다.

"앗 뜨거!"

소동이 일어났다. 맨발에 스포츠 샌들 차림이어서 많이 다치지 않았을까 걱정했으나, 다행히 국이 어느 정도는 식은 뒤여서 화상을 입지는 않은 것 같았다. 경황이 없는 사이, 민재의 어깨를 잡았던 노숙자 아저씨는 어디론가 사라졌다. 그러나 민재는 뒤돌아봤을 때의 충격에서 쉽게 벗어나지 못했다. 잠깐 방심했다가는 뒤에서 누군가가 술냄새를 풍기며 그녀를 붙잡거나 끌어안을 것 같았다.

'배식 봉사의 하이라이트'라는 설거지. 식판을 하나하나 닦아 스팀소독기에 넣는 작업이었다. 몇 분 지나지 않아 어깨 근육이 뭉치고 손이 부들부들 떨렸다. 몇 번이나 식판을 바닥에 떨어뜨리고 말았다.

"괜찮아요. 그 정도로는 안 깨지니까."

옆의 아줌마가 웃으면서 말해주었다. 격려 차원의 농담인지 아니면 비아냥인지 판단이 안 돼 '죄송합니다' 하고 말았다. 일을 마치고 화장실에서 거울을 보며 어깨에 시커멓게 남은 손자국을 물로 없애보려고 했다. 조금 지워지긴 했으나 뭉개지면서 더 크게 번질 뿐이었다.

'어쩜 좋아. 아이~ 냄새.'

국에 발을 델 뻔했던 대학생이 반찬 담당이었던 여자친구와 함께 나가는 게 보였다. 여자친구가 물었다.

"정말 괜찮은 거야? 근데 그 여자, 정신이 이상한 거 아니야? 급식 봉사에 그렇게 입고 나오는 사람이 어딨어? 자기가 무슨 연예인인 줄 아나?"

"몰라~. TV 뉴스에서 카메라라도 올 줄 알았나보지."

민재는 화장실에서 한참 동안 서 있었다. 불합리한 세상을 바꿔야 한다고 말로는 열심히 떠들어댔지만 가까이에서 체험해본 현실은 또 달랐다. 한 끼 해결하기가 어려워 한여름에도 길게 줄을 늘어서야 하는 노인들에, 구슬땀을 흘리며 배식하는 자원봉사자들, 그리고 혼자만 동동 떠 있다가 마침내 미움을 받은 민재 자신.

남자친구 때문이었다지만 꼭 그 그런 것만도 아니었다. 어디에 가든 예쁘고 남다르게 차려입어야 한다는 사고방식이 빚어낸 결과였다.

민재가 아닌 '민폐'였던 하루. 앞뒤를 가리지 못하는 철없는 스스로에게 충격적인 변화가 필요한 시점이라고 그녀는 결론을 내렸다. 그게 뭘까 생각하다가 마침내 결심을 했다.

✳✳✳✳

효선은 벨소리에 고개를 빼고 인터폰 화면을 확인했다. 정인이었다.

"어서 와."

효선의 환대에 정인이 불퉁거렸다.

"우리 집 들어오면서 벨 눌러보기는 처음이네."

정인의 불퉁거림은 이내 환호로 바뀌었다.

“와~ 멋있다!”

정인의 작은 공간이 풍선으로 가득 차 있었다. 끈 달린 풍선들이 천장을 콩나물처럼 메웠고 침대 위에도 형형색색의 풍선이 놓여 있었다. 간접조명을 받은 풍선들이 환상적인 분위기를 만들어냈다.

“감동적이야! 이게 전부 너희 둘이 해놓은 거야?”

정인의 질문에 민재가 솔직하게 대답했다.

“아냐. 효선이 혼자 다 했어. 풍선 부는 게 얼마나 힘든지, 나는 몇 개 못 했어.”

정인과 민재의 생일 파티다. 이틀 차이지만 둘의 생일을 붙여 한꺼번에 모임을 갖고 있다. 올해는 정인의 독립을 기념해 오피스텔에 모이기로 했다. 효선이 정인에게 비밀번호를 물어 퇴근 전에 깜짝 연출을 마쳐놓았다. 효선이 집에서 만들어 온 샐러드와 파스타에 주문한 치킨과 피자, 샴페인을 올려놓는데 수정이 도착했다. 향기 나는 양초에 불을 붙이고 예쁜 분위기 속에서 수정의 카메라로 인증샷을 찍었다.

창밖을 흐르는 한강의 야경을 감상하며 스물아홉 친구들의 우아한 먹고 마시기가 시작됐다. 민재가 생일(사실은 스물여덟이지만) 기념 충격 선언을 해서 친구들을 놀라게 했다.

“나, 옷질 끊을 거야. 옷 사러 다닐 시간에 내 인생에 의미 있는 일을 찾아보려고.”

수정이 삐딱하게 물었다.

“의미 있는 일이 뭔데?”

민재는 개의치 않고 진지하게 말했다.

“아직은 모르겠어. 어쨌든 세상에 정말 보탬이 되는 사람이 되고 싶어.”

화제가 남자친구 쪽으로 빠졌다. 민재가 휴대폰에 저장된 남자친구의 사진을 보여주며 자랑을 했다. 샤프하게 생긴 미남이었다. 정인이 제안을 했다. 9월 정기모임에는 수정의 선배와 민재의 남자친구를 한꺼번에 초대하는 게 어떻겠느냐는 것. 그러기로 했다. 효선은 모두 모인 기회를 놓치지 않고 여행지 이야기를 꺼냈다.

"벌써 8월이야. 어디로 갈지는 정해야 일정을 짜고 예약을 하지?"

효선은 어떻게든 이 여행을 가고 싶었다. 결혼생활이 암초에 부딪히기 전에 좋은 추억을 하나라도 더 만들고 싶었다. 비록 나중에 불행해질지언정 돌아볼 수 있는 즐거운 일들이 있다면 그것으로도 위안을 삼을 수 있을 터였다.

온갖 주장과 반대, 걱정, 트집 잡기가 난무한 끝에 여행지가 발리로 결정됐다. 12월 30일부터 1월 2일까지, 발리에서 영화 〈먹고 기도하고 사랑하라〉를 흉내내보기로 했다. 수정도 발리가 좋겠다고 동의했다. 그러나 어쩐지 적극적인 것 같지는 않았다. 샴페인과 와인에 알딸딸해진 정인이 말했다.

"요즘 내 생활이 고3 때랑 비슷한 느낌이야. 왜, 그런 거 있잖아. 공부를 얼렁뚱땅 했는데 대학입시는 착착 다가오고……. 그래서 불안하기만 하고."

민재가 공감했다.

"나도 비슷해. 친구들이 하나둘씩 자리를 잡아가고, 결혼을 하고, 다들 인생의 기반을 잡아가는 것 같은데, 나만 인생 재수를 하는 것 같다는 생각이 들 때가 많아."

이때 효선이 커다란 쇼핑백에 넣어온 폭죽을 친구들에게 보여주었다.

“우리, 한강 나갈까? 이런 것도 준비했는데.”

수정이 피식 웃으며 말했다.

“이거야 원, 얌전한 고양이가 부뚜막에 먼저 올라간 꼴이네. 효선이 너, 이상해졌어. 아무래도 외간남자가 생긴 거 같아. 응?”

한강에서 폭죽놀이를 하다가 경찰 아저씨한테 혼이 났다. 아저씨가 오토바이를 타고 멀리 사라지자 효선이 폭죽들을 한꺼번에 꺼내 서너 개씩 불을 붙이며 키득거렸다.

여름밤 하늘을 수놓은 폭죽들.
20대의 마지막 여름. 다시는 돌아오지 않을 우리의 20대.

술이 오른 민재가 옛날 영화의 ‘나 잡아봐라’를 흉내 냈고, 나머지 친구들은 머리에 꽃을 꽂은 광녀들처럼 낄낄거렸다. 맨바닥에 주저앉은 정인이 독백처럼 물었다.

“10년 후, 서른아홉에는 우리, 뭘 하고 있을까?”

수정이 독백처럼 대답했다

“아줌마 돼서 남편 욕에 애 자랑하면서 쓸데없는 수다나 떨고 있겠지.”

민재도 한마디 했다.

“서른아홉 생일도 오늘처럼 놀자.”

있는 그대로 받아들여줄 사람

늦은 밤, 수정은 엄마가 잠자리에 들었는지 확인한 뒤에야 컴퓨터에 받아놓았던 어제 방송분을 재생시켰다. 엄마에게는 선배의 이번 드라마 이야기를 한마디도 꺼낸 적이 없다. 방송이 있는 날에는 약속을 만들어 드라마가 끝난 뒤에야 들어왔다.

가연 역을 맡은 아이돌이 '올해 최고 기대주'로 급부상하며 각 방송사 드라마 제작팀은 물론 영화계로부터도 러브콜이 쇄도한다는 보도가 나왔다. 처음 대본 리딩 때 불안했던 연기력을 감안, 선배가 단계적으로 대사를 늘리는 식으로 대본을 수정했던 게 잘 맞아떨어진 것이다. 대본도 좋았지만 그 여자애의 노력도 높이 사줄 만했다. 덕분에 '예쁘고 노래 좀 하는 아이돌'에서 '순수하면서도 독한 사랑의 아이콘'으로 변신하는 데 성공했다.

어제 시청률이 28.6%를 기록했다. 올해 모든 드라마를 통틀어 최고 시청률이라고 야단법석이다. 수정은 어제 방송분만은 혼자서 몰래 보고 싶었다. 가연의 연기도 궁금했거니와 선배가 '그 부분'을 어떻게 재현해냈는지 확인하고 싶었다. 선배의 최종 대본을 검토할 때에도 어제 분량만은 체크하지 않았다.

드라마에서 '내연남'의 행패가 시작됐다. 초기 대본에는 남편이었지만, 선배가 수정의 부탁을 받아들여 내연남으로 고쳐주었다.

"돈 내놓으라고! 어디다 감춰놨어?"

세간살이를 엎으며 발로 차고 다니는 내연남. 가연 엄마에게는 그런 인간일지라도 '남자'가 필요했다. 가연 엄마의 표정이 여러 번 바뀌다가 이내 밝아진다. 딸을 희생양으로 내주기로 마음을 굳힌 것이다. 내연남에게 속삭이자, 그는 곧바로 가연의 방으로 뛰어들어가 책상서랍들을 난폭하게 잡아뜯어 팽개쳤다. 그러고는 서랍이 있던 자리에 손을 밀어넣어 통장과 도장을 움켜쥐었다. 비릿한 웃음을 지으며 밖으로 나가는 남자.

집에 돌아온 가연은 눈앞에 펼쳐진 현실에 망연자실 넋을 놓는다. 아르바이트를 두 개씩 뛰고, 점심까지 굶어가며 모은 돈. 그건 돈이 아니라 꿈이었다. 소중하게 키워온 꿈이 너무도 간단히, 어이없이 무너진 것을 보고는 말이 나오지 않는다. 털썩 주저앉아 표정이 없는 가연. 어두컴컴한 방에서 움직이지 않는다. 가연이 자기 꿈을 술과 경마로 날려버리고 돌아온 내연남에게 무릎을 꿇고 빈다.

"제 돈 돌려주세요. 1년치 학원비예요. 제가 취직하면 그때는 정말 많이 드릴게요. 그러니까……."

컴퓨터 화면이 흐려졌다. 컴퓨터의 오작동이 아니었다. 수정의 눈에 부옇게 차오르는 눈물 때문이었다. 내연남이 무시하고 안방으로 들어가자, 가연도 따라 들어가 매달린다. 그러나 완력을 당해내지 못하고 나가떨어진다. 여기서 가연의 연기가 압권이었다. 애절하던 눈에 순간적으로 어리는 독기. 첫사랑마저 모질게 끊어내야 했던 앙다문 입술. 수정은 소름이 끼쳤다.

"내놔! 내 돈 내놓으라고!"

수도꼭지가 고장난 것처럼 눈물이 줄줄 흘러내렸다. 눈물이 폐부 아래 깊숙하게 봉인해두었던 시커먼 아픔의 딱지를 뜯어내자 그것이 목구멍으로 솟구쳐 올랐다. 목구멍에서 꺽꺽 소리가 났다. 악을 쓰는 가연은 거들떠보지도 않은 채, 내연남이 엄마에게 말했다.

"어이! 이 못된 계집애, 말하는 싸가지 좀 봐."

수정은 우느라 그 다음 장면은 볼 수 없었다. 굳이 볼 필요도 없었다. 엄마의 손길이 뺨으로 날아들었다. 엄마의 손에는 어느새 빗자루 몽둥이가 들려 있었다. 딸은 날아드는 몽둥이를 맞으면서도 비명 한 번 지르지 않았다. 엄마가 지칠 즈음, 그것을 빼앗아 바닥에 내팽개쳤다. 딸은 엉망이 된 방에서 옷가지 몇 개를 배낭에 담아 집을 나섰다.

수정은 담요를 뒤집어쓴 채 소리를 죽여 울기 시작했다. '학원'을 '방송아카데미'로, '내연남'을 '아버지라는 사람'으로 바꾸면……. 한참 울고 난 뒤에야 마음이 진정되었다. 수정은 선배에게 표현하기 어려울 정도의 고마움을 느꼈다. 상상했던 것 이상으로 자신을 재현해준 것에 대해, 또한 수정 스스로도 깨닫지 못했던 마음까지 파악해 섬세하게 표현해준 것에 대해. 진짜 중요한 깨달음은 그 후에야 왔다.

혹시 선배는…… 다 알고 있는 게 아닐까?

수정은 '어떻게 그리도 잘 아느냐?'는 선배의 질문을 받고 '효선이라는 친구가 겪은 일'이라고 거짓말을 했었다. 그러면서도 한편으로는 선배가 진실을 알아주기를 기대했다. 그리고 이제, 확신이 들었다. 선배는 그때 알았던 것이다.

'그래. 그 친구, 많이 아껴주고 보듬어줘야겠구나.'

그건 수정에 대한 선배의 각오를 말한 거였다. 그게 아니라면 이토록 소름이 끼칠 정도로 재현해낼 수 있을 리 없었다. 수정은 행복했다. 그녀를 이해해주고, 있는 그대로 받아들여줄 사람이 세상에는 있었다.

거실에서 엄마의 기척이 들렸다. 서랍을 여는 소리, 곧이어 냉장고를 열고 물을 따르는 소리. 엄마가 약을 먹고 있었다. 수정은 숨을 죽였다.

＊＊＊＊

민재는 '외계인 손 증후군'에 걸린 것 같았다. 외계인 손 증후군이란 내 손이 내 의지대로 움직이지 않고 마치 외계인에게 조종당하는 것처럼 비정상적으로 움직이는 증상이라고 한다. 마음속에는 '절대로 먼저 연락하지 말아야지' 하는 의지가 확고했다. 자존심 때문에라도 집착하기 싫었다. 얕보이는 것은 더욱 싫었다. 하지만 그런 생각과 의지는 약했다.

"나도 어쩔 수 없다고! 내 손이 움직이는 걸 어쩌란 말이야!"

민재는 남자친구의 짜증에 그렇게 항변을 했다. 민재의 이성은 바쁜

시간에 연락할 경우 남자친구가 좋아하지 않는다는 점을 충분히 인식하고 있었다. 그럼에도 어느새 휴대폰을 들고 딴짓을 하는 그녀의 손. 손이 제멋대로 움직여 남자친구에게 SNS를 보내고 전화까지 걸었다. 마침내 남자친구가 이런 메시지를 보내왔다.

이제 그만 만나자. 나한테 연락하지 마.

민재는 수십 번의 시도 끝에 통화에 성공했다. 전 남자친구가 된 그는 '너처럼 짜증나는 애는 처음'이라고 말했다. 이상하게도 눈물이 나오지 않았다. 억울하지도 슬프지도 않았다. 그냥 허탈하기만 했다. 처음 만났을 때 들었던 차가운 남자라는 느낌이 이런 결말을 예상했던 것일까. 어쩌면 그걸 하루라도 빨리 확인하려고 외계인 손이 부지런하게 움직였던 것인지도 모른다.

민재는 긍정적인 기질을 발휘해 결별을 금방 합리화시켰다. 서로에게 더 많이 적응되기 전에 헤어진 게 다행이었다. 그녀의 이상형이었던 '든 남자'를 만났지만, 마음이 통하는 건 그것과는 차원이 다른 문제였다. 민재는 이번 실패를 통해 그걸 깨달았다.

민재는 이번 달 MJ클럽 모임에 기대를 걸었다. 마음이 편하지 않을 때 위로받을 수 있는 친구들이 있다는 건 역시 다행이었다. 친구들에게 털어놓으면서 마음껏 먹고 마시면, 마음속에 체한 것처럼 걸려 있는 미련을 후련하게 치워버릴 수 있을 것 같았다.

잠시 후 정인과 효선, 미영 언니가 도착했고 알렉스는 조금 늦게 나타났다. 민재는 남자친구와의 이야기를 털어놓았다. 그동안 있었던 억울하고 기막힌 일들, 예를 들면 그의 도를 넘는 연락 기피증이며 그의 회사 앞 커피전문점에서 두 시간 넘게 기다린 일, 잠깐이라도 보고 싶은 마음에 무료급식 봉사를 갔다가 험한 꼴을 당했던 일…….

그럼에도 불구하고 이야기의 맥이 빠져버렸다. 미지근한 맥주를 마시는 느낌이랄까. 더운 날씨 때문인지 술도 그다지 당기지 않았다. 민재 스스로도 이야기를 하면서도 어째 흥이 나지 않았다.

수정은 또 불참이었다. 이번엔 확실히 나온다더니, 선배에게 급한 일이 생겼다는 것. 미영 언니가 몸이 좋지 않다며 먼저 일어섰다. 뒤를 이어 효선도 시어머니와 새벽시장에 가기로 했다며 집으로 돌아갔다. 셋이 남았다. 이렇게 재미없는 모임은 처음이었다.

민재는 분풀이 삼아 수정의 험담을 늘어놓았다. 매번 나와서 시비나 걸다가 자기 멋대로 약속을 바꾸고 아예 빠지고, 여행에도 비협조적이고……. 남자가 생기니까 모임 같은 건 이제 볼 장 다 봤다는 태도. 민재는 수정에게 세상의 모든 잘못을 덮어씌우고 싶었다. 자기는 결국 차이고 말았는데 '그놈의 선배'와 여전히 잘 풀리고 있는 것 같아서 더 얄미운지도 모르겠다.

정인이 한숨을 쉬면서 말했다.

"우리, 이대로 괜찮은 걸까? 휴…… 모르겠어."

민재는 지하철역 앞에서 정인을 먼저 보내고는 알렉스에게 말했다.

"어디 가서 맥주 한잔만 더 할래요?"

알렉스가 의외로 그러자고 했다.

나이 드는 걸
두려워하지 않았으면 좋겠어

"알렉스 말이야."

미영은 알렉스 얘기를 꺼내보았다. 정인이 포크로 스파게티를 돌돌 말다가 고개를 들며 눈을 동그랗게 떴다. 미영은 웃음이 슬며시 나오는 것을 참을 수 없었다.

"여자친구 없다고 하던데?"

정인이 스파게티를 입에 넣고 우물거렸다.

"정인, 너 솔직히 말해봐. 알렉스한테 관심 있는 거지?"

미영은 정인을 불러 저녁을 사주는 중이었다. 돌아가신 엄마 기일과 겹치는 바람에 생일 파티에 참석하지 못했던 것도 미안했고, 정인의 속마음을 확인해 알렉스와 맺어주기 공작을 펼쳐볼까 하는 마음에서였다. 미영이 보기엔 알렉스와 정인만큼 잘 어울리는 커플 후보가 없었다.

"알렉스, 세심하고 매너도 좋아요. 그렇지만…… 제 스타일은 아닌 것 같아요. 거기다가……."

미영은 고개를 갸웃거렸다. 여자들 특유의 애매한 대답이었다. '좋은 사람 같은데 나한테는 좀 그렇다'는 정도? 게다가 말을 하려다 마는 건 또 뭐지? 알렉스 또한 '정인을 어떻게 생각하느냐?'는 미영의 물음에 확실한 대답을 하지 못했다. 답답한 아이들이었다. 정인이 알렉스한테 다가가기 위해선 자신감이 필요할 것 같았다.

"전에 사나운 개 이야기했던 거 기억나? 내 생각엔 남자도 강아지와 비슷한 것 같아."

연애는 강아지를 동반한 산책과 많이 닮았다. 강아지는 주인보다 앞서 달려가기도 하고, 때로는 영역 표시를 하다가 뒤로 처지기도 한다. 그래도 주인이 자기 갈 길을 가다보면 뽀로로 달려오는 게 강아지다. 크게 보면 함께 다니는 셈이다.

"남자도 마찬가지야. 너한테 자신감이 있고 그 남자를 믿는다면, 자연스럽게 너를 따라오게 되어 있어. 네 자신감이 곧 끈인 거야. 출판사 편집자들은 연애세포가 제로라는 핑계 같은 건 이제 들이대지 말라고."

정인은 연애 이야기가 부담스러운지 화제를 돌렸다. 인터넷에서 속옷 세트를 구입했으나 정작 물건을 받아보니까 실망스러워 반품을 신청했다고 한다. 그런데 토요일 오전에 찾아온 택배 아저씨가 이렇게 묻더란다.

"이 속옷 말이죠. 혹시 입고 다니다가 반품하는 건 아니겠죠?"

정인은 황당해서 대답도 제대로 못 했다며 억울해했다.

"그런 게 자기랑 무슨 상관이라고."

미영이 깔깔대다가 다른 사람한테 들은 얘기를 해주었다.

"어떤 택배기사가 반품 속옷을 찾아가려고 전화를 했더니, 여자애가 천연덕스럽게 대답하더래. '이따가 밤에 들르시면 안 돼요? 지금 입고 나왔거든요.' 진짜 있었던 일인지 웃자고 하는 소린지는 모르겠지만."

주제가 MJ모임으로 바뀌었다. 미영은 경험에서 우러난 잔소리를 해주었다.

"친구들을 소중히 여겨. 어려운 시기를 함께 잘 헤쳐간 친구가 평생 지기로 남는다더라."

집에 돌아와 경영자 모임 추천도서를 읽다보니 이런 대목이 나왔다.

어떤 사람이 마당에 독수리 풍선을 띄워 놓았다. 평화롭게 놀던 닭들이 혼비백산 사방으로 뛰어다니며 소란을 떨었다. 닭들은 한참이 지난 뒤에도 독수리 풍선이 사라지지 않자, 마침내 서로를 쪼며 공격하기 시작했다. 그렇게 해봐야 변하는 건 하나도 없다. 하지만 닭들로선 그렇게 해서라도 스트레스를 발산하려는 거였다.

인간 역시 잘났다고는 하지만 출구가 보이지 않는 상황에 부딪히면 닭들과 크게 다를 바 없다. 불안이라는 풍선이 떠위져 있고, 그 커다란 그림자가 사라질 기미를 보이지 않으면 결국에는 공포에 사로잡혀 가까이에 있는 사랑하는 이에게 분노를 전가시킨다.

미영은 간단한 글을 써서 MJ모임 아이들에게 SNS로 보내주었다.

수정이었나? 나한테 서른아홉 심정은 어떠냐고 물어본 적이 있지? 그 대답이 지금 생각났어. 스물아홉 너희가 아직 꿈을 꾸고 있는 때라면, 서른아홉은 세상에 대해 너무 많이 알아버리는 때인 것 같아. 꿈만으로는 살 수 없다는 것을 절감하면서도 포기하자니 아쉽다고나 할까? 그래도 마음이 편해지는 부분은 있어. 전에는 어떤 사람이 마음에 안 들면 신경을 곤두세웠어. 하지만 요즘은 편안하게 받아들이고 있어. 그냥, 저 사람은 그렇구나 하는 정도야. 너희들 모두, 서른을 넘어서는 걸 너무 두려워하지 않았으면 좋겠어.

9월

나에
대하여
이야기해보자

나 스스로를 많이 믿는구나

정인은 장마녀가 참석한 가운데 작가와 회의를 했다. 구조조정을 할 경우, 칼자루를 쥘지도 모를 장마녀에게 약간이라도 개선된 이미지를 심어놓고 싶었다. 하지만 너무 의식했는지 오버를 하고 말았다.

"선생님, 원고를 읽어보니까 너무 딱딱해요. 결론을 내고 논리적으로 가르치려 들기보다는 부드럽게 설득하는 쪽으로 바꿔보면 안 될까요? 나이 든 스님 말씀처럼 편하게 말이죠."

작가를 가르치려 든 것은 편집장에게 주의를 받을 만한 일이다. 하지만 적극적인 태도는 칭찬을 받을 거라고 기대했다.

"자기계발서 쪽은 관심이 없다더니 웬일이야?"

작가와 헤어지자마자 장마녀가 웃으면서 정인의 아픈 곳을 찌르기 시작했다.

"아이디어도 꽤 있는 것 같던데, 아예 당신이 직접 써보지 그래? 어차피 소설도 지지부진한 것 같던데."

정인은 짐짓 태연하게 대답해주었다.

"제가 어떻게요? 타이거 우즈의 스윙 코치가 우즈보다 골프를 잘하는 게 아니잖아요? 저도 그 선생님의 빈틈을 봐드리는 걸로 편집자 노릇 좀 해보려고요."

장마녀가 정인의 속이 훤히 보인다는 표정으로 웃었다.

"당신 지금, 그 싫다던 자기계발 작가들이랑 똑같은 소리하고 있는 거 알아?"

정인은 올해 초 장마녀 팀에 배치될 때만 해도 불과 몇 달 만에 이런 입장에 놓이게 되리라고는 생각하지 못했다. 또한 그때 신중하지 못하게 던졌던 말들이 묵었다가 되돌아와 바늘처럼 그녀 자신을 찌르게 될지도 몰랐다.

애초부터 말에는 부메랑 속성이 있는지도 모른다. 누군가에게 생각 없이 던졌던 말이, 그 입장에 처하게 되었을 때 비로소 되돌아왔음을 느낄 때가 있다. 좋지 않은 말의 부메랑은, 곧바로 되돌아온 경우보다 몇 템포 늦게 되돌아왔을 때가 훨씬 아프다.

주말에는 엄마 생신을 겸한 가족모임이 있었다. 오랜만에 만난 형부는 바쁘다며 밥만 먹고 일어났고, 언니는 자고 갈 거라며 반바지와 티셔츠로 갈아입었다. 언니가 자기 집에서 들고 온 고급 와인을 땄다. 정인은 몇 잔만 마시고 일어나기로 했다.

"소설은 어때? 잘 되고 있어?"

"아니, 어떻게 시작해도 어색하기만 해서……. 나, 슬럼프인가 봐. 소설가가 되기엔 이미 늦어버린 게 아닐까 싶기도 하고. 내년이면 서른인데 말이야."

자리에서 일어날 즈음, 언니가 쇼핑백에 엄마의 옛날 가계부 몇 권을 담아주었다.

"갖고 가서 훑어봐. 이게 도움이 될 거야."

오피스텔로 돌아와 색이 바랜 가계부를 넘겨보았다. 가계부에는 수입과 지출 외에 매일매일 간단하게 메모를 할 수 있는 공간이 있었다. 엄마의 작은 글씨들이 깨알같이 들어차 있었다. 공교로운 일이었다. 사이가 좋지 않았던 언니가 흥미로운 자료를 찾아 챙겨준 것이다. 넘겨보다가 눈을 끄는 대목을 발견했다.

드디어 정인이가 일어섰다. 늦어서 걱정했었다.

셈을 해보니까 그때 엄마는 스물여섯, 지금의 정인보다도 어린 나이였다. 비로소 소설의 첫 문장이 떠올랐다.

* * * *

민재는 아빠 후배의 회사에 계약직으로 적을 두기로 했다. 결혼에도 스펙이 필요한 시대가 맞다. 괜찮은 상대를 만나기 위해선 어디라도 다니는 게 유리하다는 누군가의 지적에 따른 것이었다. 입사서류가 필요하다고 해서 학교에 들렀다. 몇 가지 서류를 받아서 나오다가 새로 지어진 도서관에 들어가 보았다. 도서관 로비에 옹기종기 모여 있는 학생들에게서 역동성이 느껴졌다. 밑도 끝도 없이 공부가 하고 싶어졌다.

민재는 며칠 동안 시간을 가지고 생각해보았다. 전처럼 대충대충이 아니라, 진지하게 고민을 했다. 진짜로 하고 싶은 것이 공부인지.

"이도 저도 안 되니까, 마지막 도피처는 대학원이냐? 공무원시험 같은 걸로 시간낭비하지 않고 그냥 결혼하기로 약속했었잖아? 그래서 새 차도 사줬고. 조용하다 싶더니 이제는 대학원이냐?"

아빠가 불만이 가득한 눈으로 민재를 바라보더니, 목소리가 높아졌다.

"도피처 아니라니까요. 정말이라구요. 세상에 대해서 깊이 있게 공부를 하려는 거예요."

민재의 항변에 아빠가 나이를 들이밀었다. 스물아홉에 무슨 대학원 진학이냐는 거였다. 민재는 차분하게 아빠를 설득했다. 아빠가 넣어주었던 회사를 그만둘 때에는 당당하지 못했지만, 진짜 하고 싶은 일 앞에선 어깨를 펴고 당당해질 필요가 있었다.

"아빠가 좋아하시는 축구에서 전후반전을 합치면 90분이잖아요? 요즘 사람의 수명도 90세에 가까워졌대요. 그렇다면 우리 인생을 축구에 대입해봐요. 45세 이전의 삶은 전반전이고, 45세 이후는 후반전이라고 할 수 있겠죠? 그렇죠?"

민재는 말을 하면서 스스로 도취되었다. 친구들한테도 이렇게 먹혀들어가면 얼마나 좋을까. 스물아홉이라면 이제 겨우 전반전 29분밖에 뛰지 않은 것이다. 아빠 말씀대로 이미 늦었다고 포기한다면, 그건 축구의 전반전을 절반 남짓 뛰어보고는 짐을 챙겨 떠나버리는 것과 다름없는 일이다. 어쩌다 골을 먹었다고 해도 아직 전반전의 절반이 조금 지났을 뿐이다. 게다가 후반전 45분은 미답의 영역으로 고스란히 남아 있다.

"아빠, 경기가 끝날 때까지 승부는 끝난 게 아니라고 하잖아요. 연장전도 있고 승부차기도 있어요. 그러니까 제 나이 스물아홉은 축구로 치면 몸도 풀리지 않은 시간이라고요."

민재의 침묵시위에 이겨본 적이 없던 아빠가, 이번에는 딸의 달변에 두손을 들었다. 아빠는 새로운 방식의 패배에는 그나마 흡족한 모습이었다. 다만 결혼 노력은 지속적으로 기울이는 것을 조건으로 걸었다.

민재는 정인에게 가장 먼저 전화를 걸어 기쁜 소식을 전해주었다.

"아빠한테 떼를 쓰지 않고 내 뜻을 이뤄본 게 처음이야. 조목조목 말씀을 드리다 보니까 나 스스로 나를 많이 믿는구나 하는 생각이 들더라. 뭐든 부딪혀 보면 된다는 자신감을 얻었어."

민재는 사회활동가를 양성하는 전문대학원에 진학해 세상에 의미 있는 일을 해보고 싶다고 얘기했다. 정인은 민재의 새로운 결심을 축하해주었다.

"그래. 너는 잘할 수 있을 거야."

민재는 생각난 김에 잡지에서 읽은 내용을 정인에게 전해주었다.

"소설가 무라카미 하루키 있지? 그 사람도 스물아홉이 되고 나서 난데없이 소설을 써야겠다고 결심했대. 야구를 보다가 문득 생각이 들어서 문구점에 들러 만년필하고 원고지를 사다 쓰기 시작했다나? 그런 사람도 있으니까, 우리 둘 다 늦은 게 아니지? 그렇지?"

그녀의 '해즈빈(has been)'

수정은 우울 모드였다. 드라마가 끝난 뒤부터였다. 선배에 대한 원인 모를 배신감이 그녀를 몸서리치게 했다. 온갖 트집을 잡았다. 약속시간 한 시간 전에 도착해 눈이 빠지게 기다리고는 선배에게 5분이나 늦었다며 따졌다. 먼저 연락하지는 않고, '대체 언제까지 그러나 두고 보자'는 심정으로 연락을 기다렸다.

상상 속에서 온갖 방법으로 그에게 잔인한 복수를 했다. 그가 연락을 해오면 미움이 금방 사그라졌고, 며칠 동안 수시로 문자를 보냈다.

지금 어디서 뭐 해요?

그가 어디에 있는지, 그녀에 대해 어떤 생각을 하고 있는지 속속들이 알고 싶었다. 선배는 수정의 변화무쌍한 감정에 어쩔 줄 모르며 당하기만 했다. 그녀는 선배를 만날 때마다 그의 대책 없는 순수함을 은근히 즐기게 되었다. 하지만 그것도 잠시뿐. 헤어질 때는 두려움이 와락 달려들어 그녀의 숨을 막히게 했다. 헤어질 때 선배에게서 조금이라도 평소와 다른 기미가 보이면 집에 와서도 잠을 이루지 못했다. 불안이 확신으로 바뀌어 온갖 상상의 나래를 펼쳤다.

수정은 어정쩡한 상태가 싫었다. 하루빨리 썸남썸녀 관계에서 벗어나고 싶었다. 그래서 선배의 감정과 일거수일투족을 컨트롤하고 싶었지만, 그러다가 미움을 받을지도 모른다는 두려움이 커지는 바람에 이럴 수도 저럴 수도 없는 상태가 되고 말았다. 선배의 한마디에 괜히 자존심이 상할 때가 많았고, 그런 날에는 감상에 빠져 음울한 음악을 들으면서 혼자 울었다. 하지만 선배는 그녀를 음울한 그림자 속에 그냥 내버려둘 사람이 아니었다.

수정을 대박 감동시킨 사건 하나.

방송사 사장으로부터 특별 보너스를 받은 선배가 수정의 계좌번호를 불러달라고 했다. 수정이 단호하게 거절하자 시내로 나오라고 했다. 백화점 1층에서 만난 선배는 커다란 쇼핑 봉투를 들고 있었다. 수정이 꿈에 그리던 최신형 디지털 SLR 카메라와 렌즈가 들어 있었다. '스물아홉 버킷리스트' 중의 또 하나가 선배에 의해 지워졌다.

대박 감동사건 둘.

테이블이 네 개밖에 없는 예약식당에서 와인에 살짝 취한 선배가 수정에게 이상형을 물었다. 수정은 충분히 뜸을 들인 뒤에 입을 열었다.

"같이 일하면서 도움을 주고받을 수 있는 사람이면 좋겠어요. 대본 공동작업도 할 수 있고요."

그 정도면 선배에 대한 마음을 가장 적절하게 표현하는 수위였다.

"선배는요?"

선배의 대답에 두근대던 심장이 멎을 뻔했다.

"나도 그래."

수정은 집으로 돌아오며 오랜만에 당당하게 걸을 수 있었다. 선배와의 사랑에 이제는 자신감을 가져야 할 시기였다. 더 이상은 선배에게 일방적으로 의존해 그가 사랑을 완성시켜줄 거라는 헛된 믿음을 가져선 안 될 것 같았다. 그를 잃을지도 모른다는 안달복달 병으로부터도 벗어나야 했다.

성숙한 사랑을 위해선 선배와의 관계에도 틈, 그러니까 여유가 필요한 거였다. 또한 정말로 사랑한다면 불안 따위에 지면 안 되는 거였다.

✱✱✱✱

효선은 정인의 추천으로 구입한 소설들 중에서 하나를 골라 소파에 반쯤 누운 채 읽었다. 주인공이 그녀와 스물아홉 동갑내기였는데, 공통분모는 '해즈빈(has been)'이었다. 소설의 표현을 빌리자면 '과거에 한 이름 날렸으나 이제는 한물간 사람'이다.

소설의 주인공은 남들의 인정을 받는 재미로 승승장구, 알아주는 대학을 나와 선망받는 기업에 들어간다. 그러고는 뒤늦게 실패라는 것을 비로소 경험하는 과정에서 깨지고 부딪히며 상처를 받는다.

남들이 얼핏 봤을 때는 부러운 삶을 살아간다는, 그러나 본인 기준으로는 문제투성이 삶을 살아간다는 것도 공통점이었다. 속사정을 잘 모르는 사람의 관점에선 자기밖에 모르고 자란 엘리트 여성의 철없고 나약한 우울증으로 비칠 수도 있다.

효선은 '한때 반짝였던 시간들이 이제는 다시 돌아오지 않는다'는 냉정한 현실을 받아들인다. 더 이상은 현재완료형이 아닌 현재진행형의 삶을 살아야겠다는 각성도 함께다. 그럴 때면 살아 있다는 생동감, 어떻게든 현실에 뿌리를 내려야 한다는 각오가 솟구친다. 그러나 아무리 다부진 각오를 해도 엄마 앞에선 속절없이 무너진다.

엄마가 아닌, 남동생에게서 전화가 왔다. 게다가 반가운 소식이었다.

"누나, 나 취직했어."

남동생은 엄마를 설득해 낮에는 회사에 다니며 밤에 공부하기로 했다고 털어놓았다.

"그러니까 이제는 엄마한테 괜히 시달리지 마."

동생은 효선의 호텔 휴가 때에야, 그간 무슨 일이 있었는지 알게 됐다고 말했다. 엄마가 누나와 연락이 안 된다면서 펄펄 뛰는 걸 듣고 짐작하게 됐다는 것. 동생은 '신경 쓰지 말고 공부나 하라'는 엄마의 만류를 무릅쓰고 계약직으로 취업을 했다.

"미안해. 나는 그렇게 된 건 줄 정말 몰랐어. 내가 벌어서 누나한테 꼭 갚을게."

동생은 엄마에게 필요한 돈이 학원비와 교재비만이 아니라는 사실은 모르는 것 같았다. 그때도 어리바리한 남편이 도심휴가를 즐겼다고 곧이곧대로 말하는 바람에, 그 다음 날 전화로 엄마의 신세한탄을 한 시간 반 동안 들어야 했다. 엄마는 휴가를 가지 못한 설움을 신형 냉장고로 풀었다. 효선이 단골을 트게 된 중고명품숍 몇 곳을 돈 결과였다.

“아! 나, S형 만났다?”

효선은 동생의 말에 놀랐다. 대학 때 사귀었던 첫 남자친구였다.

“어, 어디서?”

2학년 때 도서관에서 자주 마주치다가 친해졌고 많이 좋아했다.

“내가 들어간 회사 정규직 사원이야. 누나 안부 물어보던데?”

그 당시 동아리를 잘못 선택하는 바람에 씀씀이가 큰 여자애들과 어울리게 되었다. 그 친구들과 어울려 신용카드를 쓴 게 누적되면서 빚을 감당하지 못할 정도가 되었다.

사귄 지 몇 달 되지도 않은 S가 신용불량이 되기 직전이었던 그녀를 구해주었다. 효선은 엄마의 반대로 헤어진 뒤에야, 그가 자기 원룸의 보증금을 빼서 빚을 갚아주었다는 사실을 알게 되었다. ‘촌놈 만나봐야 네 인생 별 볼 일 없어진다’는 게 엄마의 주장이었다. 효선이 여름방학을 맞이해 국토대장정으로 도피한 사이, S는 휴학을 했고 군대에 갔다. 효선이 엄마에게서 탈출하려고 처음 결심했던 게 그때였을 것이다.

부산에서 서울까지 걷는 고난의 시간을 통해 차츰 알게 되었다. 절망과 슬픔의 순간을 정면으로 마주하지 않는다면 극복의 시간도 그만큼 늘어난다는 것을. 효선은 그럼에도 자기 감정을 숨기고 억누른 채 엄마의 착한 딸을 연기하며 살아왔다.

동생에게서 S 소식을 듣고 나서 든 생각.

‘그때나 지금이나 나는 참 답이 없는 아이구나.’

그렇게 남의 가슴에 못을 박고도 줄곧 뻔뻔스럽게 착한 연기를 했다. 지금도 착한 딸이자 며느리, 아내 노릇을 하면서 뒤로는 딴짓을 하는 중이다.

결국 효선의 해즈빈은 '과거에 많은 잘못을 저질러 지금껏 고통 받고 있는 사람'의 의미였다. 효선이 아닌 '위선'의 삶을 살았기에 그 대가를, 두려움과 함께 하는 일상으로 치르고 있는 것이다.

나에 대한 너의 생각

민재가 남자친구와 헤어지는 바람에 두 남자를 모임에 초대하려던 계획은 무산되고 말았다. 수정의 선배 역시 이번 달까지는 바쁘다고 했다. 미영 언니 회사 근처에서 모임을 갖기로 했다. 민재가 효선, 수정과 먼저 만나 청담동 편집매장들을 구경하고 있는데 회사 일을 일찍 마친 정인이 합류했다.

민재가 정인의 편해 보이는 차림을 보고 물었다.

"그렇게 입고 출근했던 거야?"

정인이 웃었다.

"설마? 집에 들러서 갈아입고 왔지. 오늘 볼링 치기로 했잖아?"

편집매장 서너 군데를 도는 사이 직원들에게서 공통점을 찾을 수 있었다. 정인에게 자꾸 말을 붙이는 거였다. 정인의 해석은 이랬다.

"몰라. 내가 이 동네 사람처럼 보이나 보지 뭐. 나는 이 비싼 동네서 뭐 하나 살 생각이 없는데."

수정이 정인의 해석에 보탰다.

"편의점에 라면 사러 나온 동네 주민 같잖아. 아쉬운 게 없어 보이기도 하고……. 민재 너는 잔뜩 신경을 쓰고 나와서 그 반대고."

민재는 뒷부분은 못 들은 척 무시하며 규모가 꽤 있는 편집매장으로 들어갔다. 눈길을 확 끄는 예쁜 투피스가 중앙에 디스플레이되어 있었다. 허리라인에 포인트를 준 모노톤 미니멀 디자인.

매혹당한 것처럼 그 옷에 다가갔다.

"와! 진짜 예쁘다!" 효선이 감탄을 했고, "가격 좀 봐!" 정인이 가격표를 확인하고는 곧바로 돌아섰다. 어마무시한 가격이었다. 수정이 심술기 다분한 미소로 민재를 향했다.

"민재 너한테 진짜 잘 어울릴 것 같아. 그런데 좀 많이 비싸네. 아~ 그런데 너, 옷질 그만둔다고 했었지? 아깝다. 정말."

민재는 좀 전에 들었던 말까지 합쳐서 한꺼번에 기분이 상했다. 애는 무슨 원수가 졌다고 이렇게 남의 아픈 데만 찌르는 것인지. 아무리 참아주고 잘해주려고 해도 소용이 없었다. 그녀는 입을 앙다물었다.

너, 어디 두고 봐.

미영 언니의 일이 끝날 때까지 회사 맞은편 커피전문점에서 기다리기로 했다. 수정의 사진 이야기가 나왔다. 정인과 수정 사이에는 이미 많은 논의가 있었던 듯, 내년 초에 나올 책에 열 몇 장 정도의 사진이 들어간다고 했다. 효선이 분위기를 띄웠다.

"이러다 사진작가로 먼저 성공하는 것 아니야?"

수정이 의외로 순순히 받아들였다.

"그러게. 드라마 작가 수업은 몇 년 동안 끈기 있게 해봤는데 잘 안 되고, 사진에서 오히려 이런 기회가 생기네? 이상한 일이야. 노력한 것보다 아무 생각 없이 하던 쓸데없는 짓이 더 순조롭게 풀리는 게 말이지."

정인이 그런 수정에게 제안을 했다.

"여행 작가에 도전해보면 어떨까? 너는 사진도 되고 글도 되는 데다 여행도 좋아하니까……. 3박자를 다 갖춘 셈이잖아."

화제가 연말 서른맞이 여행으로 넘어갔다. 수정이 그동안 성의를 보이지 않았던 이유를 직접 설명했다. 선배와 후속 작업에 들어갈 것 같아서 망설였다는 거였다. 그러나 선배가 안심하고 다녀와도 된다고 했단다. 민재의 짐작대로 역시 그놈의 선배 때문이었다.

민재는 수정의 사진이 들어간다는 책 이야기가 이미 지나간 뒤에야, 자신 또한 책과 관련이 있다는 점을 기억해냈다. 그래서 한 템포 늦었지만 이렇게 말했다.

"정인아, 전에 통화했을 때는 깜빡했는데…… 나 대학원 갈 거니까 네 소설에서 내 이미지 비꿔줘. 지금 그 상태로는 좀 찌질해 보이잖아."

정인이 놀라서 눈을 크게 뜨는 게 보였다. 효선이 물었다.

"소설? 정인이가 민재 너를 모델로 소설을 쓰고 있었어?"

민재는 정인을 아랑곳하지 않은 채 말했다.

"아니. 우리들 전부 등장하는 것 같던데. 얘 컴퓨터를 우연히 본 적이 있거든? 거기 MJ라는 폴더 속에 우리들에 대해서 별의별 게 다 있더라."

분위기가 서늘해졌다.

"아. 그게……."

정인은 당황해서 뭔가 얘기를 하려다 얼버무리고 말았다.

민재는 그날 밤늦게 수정으로부터 문자를 받았다. 정인의 폴디 속에 자신에 대한 어떤 내용이 담겨 있는지 궁금해하는 것이었다. 민재는 기억하는 몇 가지를 전해주었다.

스물아홉의 킹핀

"그것들 마음에는 드니?"

시어머니가 효선이 들고 있는 쇼핑백 꾸러미를 힐끔 보면서 말했다.

"네, 어머니. 전부 다 너무 예뻐요."

추석 명절을 앞두고 시어머니가 효선을 백화점에 데리고 가서 옷과 가방, 구두를 사주었다. 집으로 돌아오는 길. 효선이 룸미러로 보니까 시어머니는 따뜻한 오후의 햇살에 뒷좌석에서 고개를 끄덕이며 졸고 있었다. 효선으로서는 다행이었다. '오늘 고른 가방'이 화제에 오르다 보면 고구마 줄기처럼 '이미 없는 가방' 이야기로까지 이어질 가능성이 높았다.

결혼생활 초기에는 시어머니가 옷이며 가방 등을 사줄 때마다 행복했다. 함께 백화점에 가는 게 가장 즐거웠다. 그러나 시간이 흐르면서 생각이 바뀌었다. 매장 여직원의 찬사를 활용하기는 했지만, 자기 취향

을 은근히 요구하는 시어머니의 태도에서 '너는 촌스러운 애야'라는 속
마음을 읽을 수 있었다. 게다가 선물은 공짜가 아니었다. 하나를 주면
그에 대한 대가를 요구하는 게 부자 시어머니의 계산방식이었다. 하다
못해 시어머니 집에서 열린 계모임의 파출부 노릇이라도 해야 했다. 그
런데 걸리는 부분이 있었다.

'그것들 마음에는 드니?'

지나치게 예민한 건지는 모르겠지만 '마음에'라고 해도 될 것을 '마
음에는'이라고 말하는 뉘앙스가 그랬다. 아무리 생각해도 그 작은 차이
가 경멸이라는 감정을 품고 있는 것 같았다. 그 뒤에 '어차피 팔아먹겠
지만'이라는 말이 생략된 듯한.

246

명절, 시댁에서 아침만 먹고 집에 돌아왔다. 친정에 빨리 가고 싶지
않냐는 남편을 붙잡아 앉히려고, 작년에도 봤던 특선영화를 또 한 번
봤다. 친정에 도착하니 오후 4시가 조금 넘어 있었다. 아빠는 인사만 받
고는 안방에 들어가버렸다. 엄마가 해석을 해주었다. 우리 집 판사 아
들의 꿈이 늦어지게 된 게 노여워서 그렇다는 얘기.

다행인지 불행인지 남편은 그게 자기와 무슨 상관인지, 그 복잡한
함수관계를 이해하지 못하겠다는 표정이었다. 리모컨으로 TV 채널을
돌리는 남편을, 남동생이 간만에 한 게임 하자며 PC방으로 데려갔다.

효선은 엄마와 저녁 준비를 하면서 이제는 새로울 것도 없는 세상살
이의 어려움에 대한 토로를 들었다. 그녀는 엄마를 한편으로는 이해한
다. 엄마 역시 자기 방식으로는 최선을 다하고 있는 것이다.

효선은 중학교 때 부잣집 우등생 그룹과 어울렸다. 그 아이들에게

깔보이지 않으려면 좋은 성적 외에도 돈이 필요했다. 하지만 용돈은 금방 바닥이 나기 일쑤였고, 그럴 때마다 적당한 핑계와 거짓말을 되풀이할 수밖에 없었다. 그렇게까지 할 필요가 있었느냐고, 열네 살 무렵의 효선에게 물어본다면 아마도 이런 대답을 들을 것이다.

"돈 안 드는 평범한 애들과 사귀면 된다고? 알아. 하지만 강한 아이들 속에 끼어 있지 않으면 나를 지켜낼 수 없는걸."

누구로부터 지켜낸다는 것이냐고 물으면 이렇게 대답할 것이다.

"당연하잖아. 사람들의 무시로부터지."

물론 그 친구들과의 우정은 졸업으로 끝이었다. 서로의 '필요'가 맞았을 뿐이었다. 효선은 스물아홉이 된 지금, 그게 사람들의 무시보다는 스스로에 의한 무시였음을 깨닫는다. 잘나가는 아이들 틈에 끼어 '난 이 정도니까 괜찮다'면서 위안을 삼았던 것이다.

그래서 어떤 사람들에게는 '나'라는 괴물이 가장 두렵다. '나'라는 괴물은 실체도 분명하지 않은 '남의 눈'을 내세워 삶을 심연 속으로 끌어들인다. 엄마 역시 마찬가지일 것이다. 그러니까 관리비 감당도 안 되는 서울의 아파트에 전세로 살면서 남들이 어떻게 보는지에 그토록 촉각을 곤두세워야만 하는 것일 게다. 언제 방문할지 모르는 친구들을 위해 TV와 냉장고부터 바꿔놓으면서.

집에 돌아와 휴대폰을 꺼내보니 메시지가 들어와 있었다. 상하이에 있는 예인, 자칭 탕웨이한테서 온 것이었다.

얘들아, 나 다음 달에 서울 간다. 우리 아기 돌잔치에 초대할게.

＊＊＊＊

사슴이 뒤에서 머리로 들이받았다. 자기한테도 먹이를 내놓으라는 거였다. 정인은 가볍게 비명을 질렀다. 그래도 유쾌했다. 사슴들은 쿨했다. 사슴용 센베를 손에 들면 여지없이 몰려들었다. 사슴이 그것을 먹는 사이에 쓰다듬고 사진까지 찍을 수 있었다. 다가오는 목적은 오로지 센베였다. 센베가 떨어진 것을 확인하면 뒤도 돌아보지 않고 가버렸다.

정인은 친척들의 명절맞이 등쌀로부터 피하기 위해 도피여행 중이다. 일본 오사카와 나라, 교토를 사흘 동안 둘러보는 일정이다. 오늘은 나라에서 하루. 도다이지(東大寺) 안에선 사람들이 차례로 커다란 기둥 밑의 구멍에 들어가는 중이었다. '부처님 콧구멍'이란다. 작은 구멍을 빠져 나가면 모든 죄를 씻을 수 있다고 쓰여 있었다. 초등학생이나 들어갈 수 있는 그곳을 억지로 통과하다가 골반이 빠질 뻔했다. 종일 앉아 있는 직업이어서 엉덩이만 비대해졌기 때문일 것이다.

정인은 계단에 앉아 사람들을 구경했다. 혼자 다니는 젊은 여자가 이따금 눈에 들어왔다. 저 여자도 친척들을 피해서 온 것일까? 그 지겨운 '결혼은 언제 할 거냐?'는 질문. 결혼을 하더라도 질문은 내용만 조금 바뀔 뿐 계속된다. '아이는 언제 낳을 거냐?'에서 아이를 낳으면 '둘째는?' 하고 물어온다. 그러고는 유치원이며 학교, 성적, 대학, 마침내는 '아이 결혼은 언제?'와 '손주는?'으로 평생 동안 이어질 것이다.

사람들은 왜 그렇게 남의 일에 관심이 많은 것일까. 그들 입장에선 관심이라지만 듣는 당사자에겐 간섭이자 스트레스다.

나는 나일 뿐인데 왜 남들이 나를 어쩌려고 하는 것인지.

하지만 미영 언니의 말을 빌려보면 '내가 나를 잘 모르니까 1번 핀과 3번 핀이 자꾸 얘기해주는 것'인지도 모르겠다. 얼마 전 볼링 모임에서 언니가 처음 도전해보는 효선에게 요령을 이렇게 가르쳐주었다.

정인은 백팩에서 만년필과 수첩을 꺼내 지금 느낀 감정과 생각들을 메모로 정리했다. 수첩을 넘기다가 단편소설용으로 써놓은 아이디어들을 발견했다. 소설은 원고지 70매 분량까지 써놓았지만 아직 장마녀에게는 보여주지 않고 있다. 재택근무 내기를 스스로 포기한 데다 원고를 보여준들 좋은 평가를 듣지도 못할 게 뻔했다. 그보다는 등단에 성공할 때까지 혹은 다른 회사 소설 담당으로 자리를 옮기게 될 때까지 붙어 있는 게 중요했다.

엄마를 화자로 한 두 자매 이야기가 정인에게 의외의 선물을 안겨주었다. 여러 번 뜯어고쳤음에도 소설로서의 완성도는 여전히 미흡했지만, 그것과는 전혀 다른 맥락에서 '글쓰기의 치유 효과'를 실감하게 해주었다.

오래전 기억들을 더듬고 정리해 해석하고 의미를 부여하며 글을 써내려갔다. 그것을 다시 읽어보며 고치고 다시 쓰고 읽는 과정의 반복을 통해 정인의 마음속에 똬리를 틀고 있던 미움과 분노, 열등감 같은 감정들이 안개비가 내리고 난 이후처럼 잔잔해졌다.

글을 쓰면서 스스로를 다시 돌아보는 가운데 그녀가 인식하지 못했던 새로운 관점에 눈을 뜨기 시작했다. 과거의 자신과 틈을 두고 떨어져서 관찰하자, 아팠던 기억들의 틈틈이 숨어 있는 좋았던 점들이 눈에 들어왔다.

언니에게 열등감을 느껴 자주 폭발했던 과거 모습도 정인이었고, 큰 기대를 품지 않기 때문에 주변의 소소한 일상을 흥미롭게 돌아보는 현재 역시 정인이다. 그런 과거와 현재를 씨줄과 날줄로 삼아 소설가로 성장해갈 미래 역시 정인일 터였다.

아무리 창피한 과거였다고 해도, 그것은 송두리째 부정되어야 마땅한 대상이 아니다. 그 안에도 분명 반짝반짝 빛나는 내가 씨앗으로나마 숨어 있었던 것이다. 1번과 3번 사이에 가려져 있는 킹핀처럼.

정인은 수첩에서 엄마에 대해 써놓았던 메모를 발견했다. 이모 전화를 받고 나면 약이 올라서 어쩔 줄 모르다가도 결국 이모가 원하는 대로 끌려가곤 하던 엄마. 어릴 적부터 이모와 늘 비교를 당했다는.

엄마는 정인을 키우는 내내 어릴 때 자신의 모습을 지켜보는 기분이었는지도 모른다. 정인은 휴대폰을 꺼내 엄마에게 전화를 걸었다.

"점심, 먹었어?"

용서할 수
없는
이유

발버둥치는 슬픔

정인을 찾은 퀵서비스 아저씨가 조그만 봉투 하나를 내밀었다. 보낸 사람은 미영 언니였다. 봉투를 열자 뮤지컬 티켓이 나왔다. 그것도 오늘 저녁 공연에, 달랑 한 장.

언니한테 문자로 물어보았다.

티켓은 뭐에요?

그냥, 보라고.

정인이 따졌다.

오늘 공연인데요? 다른 약속이 있을 수도 있잖아요.

언니의 대답은 심플했다.

그럼 말고.

정인은 정작 궁금한 내용은 묻지 못했다. 묻지 않았다는 게 더 정확한 표현일 것이다.

공연장에 도착해 자리에 앉아 휴대폰을 진동 모드로 설정하는데, 옆에서 '아!' 하고 놀라는 소리가 났다. 역시, 알렉스였다. 정인도 깜짝 놀라는 표정을 보여주었다. 알렉스는 조그만 꽃다발을 들고 서 있었다. 나란히 앉아 정인이 물었다.

"어떻게 된 거예요? 저는 당연히 미영 언니가 올 줄 알았거든요? 그런데 왜……."

알렉스가 얼떨떨한 표정을 감추지 못하면서 대답했다.

"아, 사실 저는 짐작은 했지만 그래도 이렇게 갑자기……."

미영 언니는 알렉스에게도 같은 방식을 쓴 거였다. 다짜고짜 표를 줘놓고 알아서 하라는 식. 정인은 알렉스의 '짐작했다'는 말을 듣고선 괜히 기뻤다. 사귀고 싶은 마음이 있는 것도 아니지만. 그런데 좀 이상하기도 했다. '그래도 이렇게 갑자기'라는 건 정인이 나올 줄은 몰랐다는 뜻이었다. 그러면서도 꽃다발까지 가져왔다? 이래저래 앞뒤가 맞지 않는 얘기였다. 어쨌거나 꽃은 고마운 마음으로 받았다.

공연이 시작된다는 안내가 나왔을 때, 밑도 끝도 없이 솟아난 질투라는 프리즘이 정인의 생각을 민재에게로 굴절시켰다. 알렉스를 괜찮게 생각하는 정도였기 때문에 그동안은 굳이 느낄 필요가 없는 감정이었다.

술 취해 잠든 민재를 알렉스가 택시로 태워다 준 적이 있었다. 지난번 모임에선 정인을 먼저 보내고 두 사람이 어딘가 가서 한잔 더 한 것 같았다. 민재가 남자친구와 헤어지고 난 후였다. 그런 분위기를 감안해 보면, 꽃다발의 원래 주인은 민재일 가능성이 높았다.

정인은 꽃다발을 들고 얼짱 각도에서 셀프 카메라를 찍었다. 연거푸

세 장. 첫 번째가 가장 마음에 들었다. 나름 귀여운 표정과 꽃다발이 잘 어울렸다. 알렉스의 왼쪽 어깨가 약간 보이지만, 뭐 어때?

정인은 그런 자기 마음을 알 수 없었다. 알렉스를 좋아하는 건 아니다. 둘이서만 있는데도 심장박동이 빨라지거나 숨이 막히지도 않는다. 그냥 편안한 정도? 그럼에도 알렉스가 민재와 함께 공연을 볼 생각에 꽃다발까지 준비했다고 생각하자 이상한 감정들이 들끓었다. 질투와 소외감, 좌절감이 한데 뒤섞여 팔팔 끓는 느낌이었다.

정인은 사진을 SNS에 올렸다. 차라리 민재가 봐주기를 바라는 마음도 있었다. 뭐 어때?

공연이 시작됐다.

＊＊＊＊

수정과 선배의 관계는 딱 그만한 수준에서 맴돌다가 제풀에 지쳐가는 느낌이었다. 진전도 없고, 물에 술을 탄 것처럼 밍밍한 맛이었다. 선배는 그녀를 만나면 일 이야기만 했다. 너는 공모전 준비는 어떻게 할 거냐, 나도 차기작을 준비해야겠는데 부담스럽다, 혹시 좋은 아이디어가 없느냐 등등.

수정은 선배한테 단도직입적으로 말해볼까 생각해보았다.

'저, 선배의 전담 보조작가를 하면 안 될까요? 평생 동안 말이죠.'

유치한 대사.

'선배랑 오랫동안 같이 일하고 싶어요.'

이건 구직자 모드인 것 같고. 선배가 그녀의 고민을 시원하게 해결해주었다. 드라마 제작사 사람들과 급히 출장을 떠난 거였다. 선배의 작품이 중국과 일본에 수출될 가능성이 높다고 했다.

수정은 외숙모가 개업한 미용실에서 아르바이트를 하고 있었다. 실장이 갑자기 그만두는 바람에 정신이 없으니 후임을 구할 때까지 잠깐만 도와달라는 부탁이었다. 수정이 주로 데스크를 맡아 전산입력이나 신용카드 결제를 담당했다.

저녁 무렵 커트를 하고 갔던 중학생이 엄마와 함께 돌아왔다. 가운에 이어폰을 넣어둔 것 같다는 얘기였다. 미용실이 뒤집어졌다. 세탁을 기다리던 가운을 전부 끄집어냈다. 주머니마다 샅샅이 뒤진 끝에 문제의 이어폰을 발견해냈다. 외숙모는 머리를 조아리며 사죄를 했다.

"죄송합니다, 고객님. 저희가 잘 챙겨드렸어야 하는데."

다른 직원들도 함께 머리를 숙였다. 수정은 여러 아르바이트를 전전하면서 알았다. 당연한 것처럼 보이는 서비스업 종사자들의 유쾌함이 때로는 깊은 우울에 빠지지 않으려고 발버둥치는 슬픔일 수도 있다는 사실을.

정인 또한 특유의 눈썰미로 가면 속에 숨겨진 모습들을 생선 가시 발라내듯 하나씩 분류해냈을 것이다. 모임에서 오간 이야기며, 엄마한테 걸려온 전화에 화를 내는 모습, 일언반구 언급해본 기억이 없는 아버지 등. 정인은 그런 정보와 유추를 가지고 옷감을 짜듯 글감을 직조해냈을 것이다. 따라서 MJ라는 폴더에는 수정이라는 본질에 얼추 부합하는 프로필이 담겨 있을 거란 생각이 든다. 수정은 그러나 그런 작업을, 한마디 상의 없이 비밀리에 해왔다는 점을 용서할 수 없었다.

"이젠 슬슬 마감시간이네?"

시계를 보면서 외숙모가 말했다. 수정은 테이블을 다니면서 펼쳐져 있던 잡지와 신문을 간추렸다. 누군가 펼쳐놓은 스포츠신문에서 사진 하나가 눈에 띄었다. 선배와 함께 출장중인 스타PD 출신 드라마 제작사 대표가 누군가와 악수를 나누는 장면이었다. 자세히 보니까 선배도 뒤에 서서 박수를 치고 있었다.

기사 타이틀은 제작사가 중국의 투자를 받아 차기작을 준비한다는 내용. 몇 줄 읽어 내려갔을 때 수정의 표정이 바뀌었다. 선배가 내년 1월부터 방영되는 기대작의 집필을 맡기로 했다는 대목이 이상했다. 그건 사실과 다른 내용이었다. 선배는 분명 차기작 예정이 없으니 수정더러 친구들과 서른맞이 여행을 마음 놓고 다녀오라고 했었다. 차기작을 쓰긴 써야 할 텐데 아이디어가 없다고. 그리고 기사의 마지막 부분. 공동 집필이라고 한다. 선배가 결혼할 여성작가와 함께 쓰는 예비부부의 사랑 이야기라고.

선배와 결혼한다는 여성작가는 J였다. 수정보다 한 살 어린, 같이 스터디를 했던 멤버였다. 선배와 비슷한 시기에 공모전에 당선돼 올해 초 단막극으로 데뷔를 했다. 얘랑 결혼을 한다고? 팀에서 가장 사이가 안 좋은 게 그 두 사람이었다. J는 툭하면 선배의 습작을 가차 없이 혹평했다. 선배가 반박이라도 하면 말에서 꼬투리를 잡아 다투기 일쑤였다.

그런데 결혼을 한다고? 이보다 어이없는 일이 있을 수 있을까.

만약에 이게 사실이라면……. 나는.

선배와 함께 1년을 꼬박 고생해온 나는 뭐였지?

눈앞이 캄캄해졌다.

버림받았음을 깨달은 날

엄마가 점심을 먹자며 효선을 불렀다.
룸이 있는 고급 중식당이었다. 엄마는 여행을 가고 싶다고 했다.

"아빠 친구 모임에서 오랜만에 부부여행을 가려는데, 너도 알다시피 우리는 먹고 죽을 돈도 없잖니. 아빠가 풀이 죽어서는 오늘 아침도 못 드시고 말 한마디 없이 나가시는데 내가 속이 썩어서……."

아빠는 기원에서 내기바둑을 즐기고 있을 것이다. 게다가 아빠 친구 모임의 부부여행은 오랜만이 아니다. 작년 초에도 중국 운남성을 다녀왔다. 효선은 엄마에게 사정을 해보았다.

"목돈은 이제 정말 안 돼. 생활비 약간 보태드리는 것 말고는 어떻게 해볼 도리가 없어. 준선이도 취직을 했잖아. 그러니까……."

엄마가 말을 끊었다.

"왜 돈이 없어? 너희 시댁, 빌딩이 몇 채라던데. 이번 한 번만 어떻게 좀 안 되겠니?"

그토록 얘기를 했는데도 왜 못 알아듣는 것인지.

"그건 다 시어머니 거잖아. 얘기했잖아? 시어머니는 선물은 사줘도 돈은 한 푼도 안 줘. 그런데 나더러 어떡하라고!"

불편한 침묵이 흘렀고, 효선은 화제를 바꿨다. 힘들어하는 동창들 얘기를 전했다. 정인이나 민재한테서 들은 내용이었다. 엄마에게 '그만 좀 하라'는 뜻을 우회적으로 전하고 싶었다.

Y는 남편이 매일 시댁에 들렀다가 12시가 다 되어야 들어오는가 하면, 쉬는 날에는 아예 그쪽에 가서 산다고 했다. 친정어머니가 시어머니를 만나 따지다가 다투는 바람에 양쪽 집안싸움이 되어버렸다는 소식이었다. L은 남편이 회사 그만두고 유학 가고 싶다고 했다가 난리가 났다. 시어머니는 며느리가 자기 아들을 부추겨 유학 바람을 들게 해놨다며 며느리 잘못으로 밀어붙였다.

두 친구 모두 결혼을 할 때에는 웬만한 풍파쯤은 사랑과 믿음으로 헤쳐나갈 수 있다고 믿었다. 그러나 과장되게 말하면 혼인신고서의 잉크가 마르기도 전에 그런 일을 겪고 있다. 엄마는 두 친구 얘기에 "에그머니나! 왜 그랬대?", "그 친구가 안됐구나" 하면서 공감을 해주었다.

효선은 안심이 되었다. 이기적이기는 해도 처지가 안된 사람을 불쌍하게 여기기도 하는 여린 측면도 갖고 있는 엄마였다.

K 이야기. 남편이랑 싸우고 별거 중인데 변호사를 찾아가보니까 위자료라고 해봐야 얼마 안 된다고 해서 낙담했다는 소식이었다. 엄마가 흥분했다. 멀쩡한 여자가 이혼녀 딱지 붙이게 생겼는데 위자료가 몇 푼 안 된다는 게 납득하기 어렵다는 주장이었다.

"미국 영화에서는 한 재산을 뚝 떼어주더라. 그게 당연하지."

효선이 설명을 해주었다. 그렇게 많이들 오해를 하는데 위자료와 재산분할은 다른 것이고, 재산분할을 많이 받으려면 오랫동안 같이 살아서 재산 형성에 기여한 부분이 인정돼야 하는 거라고.

그 말에 엄마가 버럭 화를 냈다.

"그럼 애라도 낳았어야지! 양육비라도 받을 수 있게! 그러니까 효선이 너도 쓸데없이 돌아만 다니지 말고 애부터 낳으란 말이야!"

집으로 돌아오는 길이 이토록 멀게 느껴진 것은 처음이었다. 서울 시내의 모든 차들이 몰려 나와 그녀의 앞길을 막은 것만 같았다. 엄마한테 버림받았다. 엄마는 자기 입에서 나온 말의 의미를, 짜장면 두어 젓가락을 더 먹은 뒤에야 알아차린 것 같았다. 서둘러 후식을 먹고는, 약속이 있다며 가방을 챙겨들고 나가버렸다. 효선은 엄마가 떠난 자리를 보면서 멍청하게 앉아 있었다.

오늘 버림받은 게 아니다. 오래전에 이미 버림을 받았던 것 같다.

효선은 눈물을 닦고 다시 운전대를 잡았다. 어릴 때에는 스스로의 능력으로 뭐 하나 해볼 수 없었다. 어떻게든 살아남아야 했기 때문에 엄마가 시키는 대로 하면서 착하게 굴어야 했다.

오늘, 엄마의 본심을 알게 되었다. 그럼으로써 그 딸의 본심 또한 알게 되었다. 엄마에게서 벗어나려고 애를 써온 게 아니었다. 엄마를 미워한다는 것을 인정하기 싫어서, 착한 딸 속에 스스로를 가둬두기 위해 안간힘을 써왔던 거였다.

효선은 눈물을 훔치면서 아파트 지하주차장의 구석 자리에 차를 댔다.

우는 소리가 났다.

스스로 인식하지 못하는 사이 소리를 내며 울고 있었다.

엄마는 내가 그렇게 됐으면 좋겠어? 내가 그렇게 되기를 바라고 있었던 거야?

차에서 내리며 휘청거렸다. 몸에 힘이 없어서 연체동물처럼 늘어질 것만 같았다. 이젠 돌아갈 곳이 한 군데도 없다. 착한 척해야 할 필요가 정말 없어졌다.

✳✳✳✳

민재는 서점에 들러 표계산 프로그램과 프레젠테이션 프로그램에 대한 두꺼운 책을 구입했다. 대학원 수업을 위해 미리 익숙해져야 할 필요가 있다. 무거운 가방으로 인해 어깨가 축 처졌지만 그래도 기분은 좋았다. 대학원은 입학이 결정된 거나 다름없었다. 경쟁이 별로 없는 분야인 데다, 민재가 인터넷을 뒤져가며 고민 끝에 만들어간 연구계획서도 우호적인 평가를 받은 것 같았다. 교수님들은 민재가 작년 말의 '빨간 원피스 1인 시위녀'라는 걸 알고는 즐거워했다.

민재는 며칠간 도서관에서 책을 읽고 토익 공부를 하면서 '활기가 넘친다'는 말의 의미를 실감했다. 매일매일 해야 할 목표들이 눈앞에 있다는 사실이 일단 기뻤다. 또한 그런 목표들을 조금씩 달성함으로써 어제보다 더 나은 자신으로 바뀌고 있다는 느낌이 행복했다. 전에는 지겹기만 했던 토익을 대하는 관점도 달라졌다. 토익 책을 펼쳐 놓고 있는 사람들 사이에서 공부를 하다 보니 그들과 같은 대열에 참여했다는 안도감까지 생겨났다.

친구들은 연락이 눈에 띄게 줄었다. 다들 바쁜 모양이었다. 하지만 마음 편하게 넘겨버리기에는 걸리는 것이 두 가지 있었다.

하나는 정인이 친구들을 모델로 소설을 준비해왔다는 얘기를 괜히 꺼낸 게 아닌가 하는 후회였다. 민재의 경우에도 그 폴더의 내용을 봤을 때 기분이 좋지 않았으니까, 다른 애들 역시 그럴 수 있었다. 괜히 촐싹대다가 친구들 사이에 오해만 빚게 만든 것은 아닌지 걱정됐다.

또 하나는 정인이 SNS에 올려놓은 사진이었다. 정인은 꽃을 들고 있었다. 뮤지컬을 봤다고 했다. 그런데 옆자리 남자의 슈트가 낯익었다. 다른 애들은 몰라도, 한번 본 옷은 바로 기억하는 민재로선 어깨만으로도 그게 누군지 짐작이 갔다. 민재는 정인이 그 사진을 무슨 의미로 올려놓았는지 궁금했다. 그사이에 둘이 썸 타는 사이가 된 것일까? 설마. 굳이 확인해야겠다는 생각은 들지 않았다.

서점에서 나와 택시들이 줄지어 있는 곳으로 향했다.

휴대폰이 소리를 냈다. 탕웨이의 메시지였다.

얘들아 D-6인 거 알지? 다음 주면 만날 수 있는 거야.

민재는 '¬¬'로 답신을 보내고는 택시의 뒷문을 열었다.

맞다. 다음 주에는 탕웨이의 아이 돌 모임이 있다.

민재는 갑자기 결심을 했다. 옷질을 끝내고 새출발을 하기로 했으니까, 더구나 요 며칠 동안 공부만 하면서 열심히 살았으니까, 그런 나를 격려하기 위해 정말 좋은 선물을 마지막으로 해주는 거야. 돌잔치에 그걸 입고 짠 하고 나타나면 친구들이 어떤 표정을 지을지 궁금했다. 특히 수정.

"아저씨, 청담동으로 가주세요."

집으로 돌아왔을 때에는 쇼핑백과 지갑만 든 채였다. 책들과 태블릿이 들어 있는 백팩은 어디다 두고 왔는지 기억이 나지 않았다. 옷 사는 데만 정신이 팔려서.

수정이 걸핏하면 놀리던 '민재적 상황'이 아닐 수 없었다.

산소마스크를
먼저 써야 하는 까닭

수정은 선배의 귀국을 확인하자 문자를 보냈다. 선배는 순순히 약속을 잡아주었다.

이 남자, 그런 짓을 저질러 놓고 어쩜 이렇게 태연할 수 있는 거지?

수정은 순수한 줄만 알았던 그의 대범함에 기가 질렸다. 그의 작업실 1층의 커피전문점에서 만났다. 출장에서 있던 일을 태연하게 늘어놓는 그에게 거두절미하고 물었다.

"선배, 나랑 J 사이에서 양다리 걸쳤던 거예요? 그래서 최종선택은 J였던 거구요?"

선배가 눈을 껌벅였다.

"그게 무슨 말이야?"

수정의 추궁이 거듭되자 그의 입에서 배신감을 느끼게 만드는 한마디가 나오고 말았다.

"대체 무슨 소리야? 너랑 나랑 언제 그런 사이였냐고? 내가 너한테
가연 캐릭터를 쓰게 해달라고 했고, 네가 집착하는 것 같아서 대본에
최대한 반영해줬잖아. 원하는 게 그거 아니었어? 그럼 됐잖아."

선배는 머그컵을 보면서 말했다. 그녀의 눈을 차마 마주치지 못하는
것으로밖에는 보이지 않았다. 진심으로 와닿지 않았다. 그녀에 대한 감
정을 속이는 것 같았다.

"J랑은 언제부터 사귀었어요? 모르는 사이도 아닌데 저한테는 왜 말
을 안 했던 거죠?"

선배가 이 대목에선 단호해졌다.

"그건 네가 알 필요 없잖아."

수정은 선배에게 몇 마디 더 해보았으나 차가운 벽에 튕겨나오는 것
같은 느낌이었다. 그녀는 두말없이 일어나 선물받았던 카메라를 그의
앞에 놓았다. 의자가 뒤로 밀리면서 끼이익, 기분 나쁘게 긁는 소리가
났다. 그가 혹시 불러주지나 않을까 하는 한 가닥 기대를 버리지 않은
채 출구를 향해 한 걸음씩 걸어갔다. 밖에 나와서도 뒤돌아보지 않았다.

하루가 지나고 이틀이 지나자 마음이 안정을 찾았다. 수정은 '건조
모드'를 발동했다. 그런 건 자신 있었다. 사람들에 대한 믿음과 기대를
재빨리 거둬들이는 데 능숙한 그녀였다. 이번에는 정말로 확실하게 거
둬버리기로 했다. 휴대폰에서 그의 연락처를 삭제하고 SNS도 차단 설
정했다.

역시, 그에게서 이따금 느껴지던 불안과 배신감은 공연한 게 아니었
다. 가끔 전화기가 꺼져 있던 것하며, 슬쩍슬쩍 누군가의 메시지를 확
인하고 답장을 보내는 것도 그랬다. 집착한다는 소리 들을까 봐 관심

없는 척했지만. 이럴 때 쓰라고 있는 말이 '정당화' 또는 '합리화'다. 차라리 잘된 것이다. 그 정도밖에 안 되는 인간이었으니 이쯤에서 끝을 내는 게 정답이다. 자책 같은 감정이 마음에 쓰라린 구멍을 내지 않도록, 과거의 기억들과 틈을 넓혀둘 필요가 있었다.

친구들이 어떻게 알았는지 SNS로 위로를 전해왔다.

괜찮아?

오늘 번개할까?

동정받기 싫어서 이렇게 대답했다.

당근 끄떡없지.

친구들이라서 더욱 우습게 보이기 싫었다. 정인이 눈치 없이 찔러댔다.

나쁜 사람 같아. 사과와 피해배상을 요구하는 건 어떨까? 저작권 침해 소송이나 언론사 제보가 두려워서라도 그 정도는 받아들일 것 같은데.

사람을 바보로 아나? 저작권 침해라고 주장하기가 쉽지 않으니까 문제다. '가연'이란 설정이 원래의 대본과 많이 달라진 데다, 함께 논의해서 만들어낸 결과물이기 때문이다. 게다가 그가 저작권이나 노력에 대한 대가를 지급하려는 걸 수정이 거부했다는 해석도 가능하다. 카메라를 받았다가 돌려준 부분도 깔끔하지 못했다.

독하게 마음먹고 언론에 떠들어댈 수는 있다. 하지만 그래봐야 수정만 바보가 될 가능성이 높았다. 그 사람이 인터뷰를 통해 이미 '후배에게서 빌려온 캐릭터'라고 밝혀놓은 만큼 진실을 숨기거나 거짓말을 한 것도 아닌 셈이었다. 수정은 이렇게 글을 올렸다.

그냥 내버려두려고 해. 잘 먹고 잘 살라고. 사실은 더 일찍 깨졌어. 양다리 걸치는 걸 알고 내가 차버렸지. 이런 일로 왜 번개를 해? 모레 탕웨이 아기 돌잔치 때문에

어차피 보잖아? 그때 만나자.

효선이 글을 달았다.

그럼 다행이네.

그게 기분을 상하게 했다. 다행이라니 뭐가?

밑바닥에 깔아놓았던 분노가 올라오기 시작했다.

어떻게 이렇게 감쪽같이 당할 수 있었을까?

엄마도 아버지라는 사람한테 이렇게 어이없이 당했던 것일까?

분노가 자책으로 변하면서 가슴을 찔렀다. 하지만 아무리 돌이켜봐도 그것은 사랑이었다. 그와 주고받던 한마디 한마디, 그 가슴 떨리던 순간들, 함께 만들어낸 귀에 착착 감기는 대사들. 그리고 오늘, 진심을 억지로 숨기는 듯한 그의 어색한 표정.

원래는 사랑이었는데, 그게 변해버린 것일까. 껍질을 벗겨놓은 사과의 연한 속살이 시간의 흐름에 따라 흉한 색으로 변해가듯…… 그렇게 변했던 것일까.

결국, 아프지 않은 게 아니었다. 아팠다. 점점 아파졌다.

＊＊＊＊

미영은 어머니의 병 때문에 휴가를 썼던 여직원의 이야기를 듣는 중이었다. 어머니가 치매 판정을 받았다는 것이었다. 여직원은 엄마한테 죄송스럽다면서 울었다.

엄마가 작년부터 달라졌다고 했다. 아무것도 아닌 일에 짜증을 내고 의심을 하고 남매 사이를 이간질해 분란을 일으키는 바람에 힘들었다는 것. 그런 엄마를 견딜 수 없었고 마침내는 미워서 사사건건 신경질로 맞섰다. 그게 치매의 증상이라는 것을 이번 판정을 통해서야 알았다는 얘기였다. 그녀는 죄책감에 힘겨워하고 있었다. 미영이 한마디 해주려는데 여자 팀장이 한 템포 빨랐다.

"그렇게 자책하면 안 돼. 자책해봐야 자기나 자기 가족 모두한테 도움 될 게 하나도 없다고."

그 여직원과 평소엔 잘 맞지 않던 팀장이 위로를 해주니까 분위기가 묘했다. 팀장이 전 직장에서 외국계 항공사 홍보업무를 맡았을 때의 경험을 들려주었다. 비행기를 타면 이륙하기 전에 승무원들이 비상시 행동요령을 설명해준다. 주의를 기울여 듣는 사람은 몇 명 되지도 않지만 이런 내용이 있다.

비상 상황이 발생할 경우, 산소마스크가 내려옵니다. 산소마스크를 먼저 쓴 다음, 제대로 착용되었는지 확인하고 옆자리의 노약자를 도와주세요.

팀장은 우연한 기회에 항공사 간부에게 그 대목을 확인해본 적이 있다.

"매뉴얼이 잘못된 게 아닌가요? 노약자가 우선이어야 하잖아요? 비상시라면 더욱 그럴 것 같은데요."

항공사 간부의 답변은 간단하고 명확했다.

"나를 돌보지 못하면 다른 사람도 제대로 돌볼 수 없죠."

팀장이 여직원에게 말했다.

"그러니까 쓸데없이 내 탓이네 하면서 낙담해 있지 말라고. 자기 먼저 건강해야 어머니에 대해서도 현실적인 방안을 마련할 수 있는 것 아니야? 나를 먼저 챙기는 건 이기적인 게 아니야. 지극히 정상적이고도 건강한 생각이라고."

미영도 그 점에는 공감한다. 미영은 사장인 자신보다 앞서서, 적확한 이야기를 해준 팀장에게 고마움을 느꼈다. 독선적인 측면이 있어 팀원들과 이따금 마찰을 빚지만 확실히 장점도 많은 친구다. 회의가 끝나고 혼자 커피를 마시다가 생각이 났다.

10년 전, 이혼 절차가 마무리된 직후였다. 회사 동료들과 저녁을 먹고 있는데 엄마에게서 전화가 왔다. 병원 응급실이라고 했다. 보호자가 데려가지 않으면, 병원에서 퇴원을 시켜줄 수 없다는 거였다. 어디가 아프냐고 물었지만 엄마는 제대로 대답을 못 했다. 평소 잔병치레가 많은 엄마였기에 놀랄 일은 아니었다.

엄마는 응급실에서 수액주사를 맞고 있었다. 담당 의사가 미영을 구석으로 데려갔다.

"어머니가 전에도 저렇게 불안해하신 적이 있나요?"

그게 무슨 의미인 줄 몰랐다. 의사의 다른 질문들도 낯설기만 했다.

미영은 답답했다.

"엄마의 병이 대체 뭔가요?"

그 다음 의사의 한마디가 미영의 가슴에 그대로 꽂혀버렸다.

"정확한 진단을 받아봐야겠지만, 정신분열증일 가능성이 매우 높습니다."

숨을 쉴 수 없었다. 잠깐의 결혼기간을 빼고는 엄마와 늘 붙어 지냈는데, 어떻게 이 지경이 되도록 모르고 있었을까. 엄마에 대해선 속속들이 안다고 생각했었는데. 미영은 스스로에 대한 실망과 자괴감에 시달려야 했다.

더구나 엄마의 정신분열증에 한몫을 했을 것으로 짐작되는 불행.

그 불행을 집안으로 가져온 장본인이 바로 미영 자신이었다.

아듀 MJ클럽

수정은 오늘 저녁을 위해 일주일을 조심했다. 저녁을 최소로 먹으며 틈틈이 스트레칭을 했다. 그 정도 일로는 끄떡없으며 건재하다는 것을 친구들에게 입증하고 싶었다. 거금을 들여 장만한 옷도 있었다. 선배와 공식 모임에 참석할 경우에 대비해 진한 곤색 바지 정장을 마련해놓았다. 안에다 흰색 블라우스를 받쳐 입으니 스마트한 느낌이 났다. 이런 날에라도 입게 되었으니까 다행이었다.

먼저 와 있던 정인과 저작권 이야기를 했다. 소송을 진행해봐야 인정받는 게 쉽지 않을 거라는 데 정인도 수긍을 했다. 조금 후에 효선이 도착했다. 내년 드라마 공모전에 쓸 만한 주제를 이야기하는데, 사람들의 시선이 입구 쪽으로 쏠리는 느낌이었다. 그 시선을 빨아들이는 움직임이 있었다. 민재였다. 그 옷을 입고 우월한 기럭지로 하늘하늘 걸어오니까 주목을 받지 않을 수 없었다. 패션쇼의 모델 같았다. 수정의 마음 들판에 불이 붙었다.

"쟤, 저 옷을 기어이 샀네. 나 보라고 입고 온 것 좀 봐."

전부터 민재가 쇼핑백을 들고 나타날 때마다 수정은 자신감 방패로 흔들리는 마음을 막아냈다. 드라마 작가로 성공할 자신이 있을 때에는 그래도 여유가 있었다. 연이은 낙선으로 자신감이 흔들린 뒤로는 민재에 대한 거리두기와 야멸찬 표현으로 방패를 대신했다. 그럼에도 옷장을 볼 때마다 민재가 생각나는 것은 어쩔 수 없었다.

스무 살 이후 청바지와 셔츠 몇 벌로 지내왔다. 누구는 부모 잘 만나 한 번 입은 옷은 두 번 다시 입지 않는데…….

민재와 함께 쇼핑을 다녀본 뒤로는 미움이 더욱 빠른 속도로 쌓이는 것을 느낄 수 있었다. 대체 애는 전생에 나라를 몇 번이나 구했기에 이렇게 비싼 옷들을 마음 내키는 대로 사들일 수 있는 것인지. 그래서 민재가 옷질을 하지 않겠다고 선언했을 때, 기쁜 마음을 주체할 수 없었다. 수정은 안심이 됐다. 그래서 청담동에서 자신 있게 한마디 할 수 있었다. 그런데 또 이렇게…….

마음 들판에 붙은 불이 강풍을 타고 번지기 시작했다. 살살 웃으며 테이블로 다가오는 민재에게서 속마음이 전해져오는 것 같았다.

소용없거든. 보라고. 누가 승자인지. 나는 능력 있는 아빠한테 사랑받는 딸이거든.

분노가 요원의 불길처럼 타올랐다. 모든 걸 활활 태우고도 남을 위력이었다. 민재가 자리에 앉자마자 좋은 말이 나갈 수 없었다.

민재는 하필이면 점심 때 할머니 생신 모임에 참석해야 했다. 많이 먹어서는 안 되는 날 중국 코스요리라니. 작은 아버지와 고모가 인사처럼 서른 타령을 했다. 도대체가 '내일모레'와 '서른'이 붙어 다니지 않는 경우를 요 몇 년간 본 적이 없다.

코스로 나오는 음식을 먹는 척만 하고는 옆자리 사촌동생에게 덜어 주었다. 그래도 안심이 안 되어 집에 돌아와 러닝머신을 한 시간 동안 달렸다. 욕조에 뜨거운 물을 받아 푹 담갔다.

주인공은 늦게 등장하는 법이다. 좋은 옷의 효과를 극대화하기 위해 40분쯤 늦게 도착했다, 사람들의 시선이 느껴졌다. 탕웨이가 깜짝 놀라서는 왜 이렇게 예뻐졌냐고 호들갑을 떨었다. 그 남편은 연예인이 온 줄 알았다고 했다.

뒤통수가 뜨거웠다. 누구 시선인지 짐작이 갔다. 아기 손을 한번 잡아주고 친구들이 모여 앉은 테이블로 가서 인사를 건넸다.

"다들 일찍 왔구나."

마이크를 잡은 사회자가 이벤트를 시작했다.

"이제부터 사랑하는 형우 군의 돌잔치를 시작하겠습니다. 먼저, 엄마 아빠의 인사가 있겠습니다. 박수로 맞이해주십시오."

수정은 탕웨이 쪽을 보면서 민재를 외면했고, 정인과 효선은 민재에게 인사말을 건넸다

"와! 역시 너 그 옷 샀구나."

"잘 어울려. 부럽다."

엄마 아빠의 인사가 끝나고, 사회자의 멘트와 생일 축하 노래가 이어졌다.

"우리 형우가 건강하고 밝게 자라라는 마음에서 케이크의 촛불에 불을 밝히겠습니다."

"웃긴다. 남의 돌잔치에…… 나타나서는 자기가 주인공인 줄 아나 봐? 아기까지 밀어내고 자기가 가운데 앉아서 사진도 찍지 그래?"

수정이 들릴 듯 말 듯한 소리로 신경질을 부렸다. 사 입어 보라고 도발을 해놓고서는 정작 입고 나타나니까 딴소리. 민재는 발끈했다.

"나한테 할 얘기 있으면 똑바로 하지 그러니? 그렇게 웅얼거리지만 말고."

효선은 집에서 나오기 전, 얼마 남지 않은 가방 중에 하나를 골랐다. 거울을 보다가 자기도 모르게 한숨을 지은 모양이다. 남편이 왜 그러느냐고 물었다. 대답을 할 수 없었다. 이제 정말 얼마 남지 않았다.

효선은 입센의 희곡 〈인형의 집〉 주인공 노라와 비슷한 신세였다. 노라는 병에 걸린 남편을 뒷바라지하고 가족을 돌보느라 아버지 서명을 위조해 돈을 빌렸는데 그 사실이 발각된다. 남편만은 자신을 이해해줄 거라 믿지만 차갑게 외면당하고 만다. 위선자에 거짓말쟁이, 도둑이라면서. 노라는 결국 집에서 나오고 만다.

효선은 그게 남의 얘기같지 않았다. 조만간 모든 사실이 드러날 것이다. 드러나지 않을 수 없다. 그때 남편은 뭐라고 할까?

사회자가 "형우의 건강과 사랑을!" 하면서 선창하자, 참석자 모두가 잔을 들고 "위하여!"를 외쳤다.

수정과 민재가 말다툼을 벌이고 있었다. 수정이 민재를 비난했다.

"네 열등감을 그렇게 치장하면 남들이 잘났다고 해줄 줄 아니?"

민재가 지지 않고 맞섰다.

"내가 옷 좋아하는 게 너랑 무슨 상관이야? 너도 사 입으면 될 거 아냐! 안 그래?"

민재의 목소리가 뾰족했다. 마이크를 쥔 사회자의 목소리가 그 영향을 받아 높아졌다. 이쪽이 신경 쓰이는 거였다.

"돌잔치의 하이라이트죠. 우리 형우가 뭘 잡을지 결정짓는 순간인데요. 엄마께선 미리 마련되어 있는 돌잡이 용품을 아기가 쉽게 잡을 수 있게……"

수정이 남의 속을 다 안다는 듯한 미소를 지었다.

"무슨 상관이냐고? 넌 불행한 사람들을 보면서 값싼 자기만족을 얻는 스타일이잖아. 난 그런 위선이 체질적으로 싫어."

민재가 어리숙하고 일관되지 못한 건 사실일 수 있다. 하지만 그렇다고 저런 식으로까지 비난을 받아야 마땅한 것은 아니다. 수정의 얼굴에 엄마가 겹쳐졌다. 자기 삶에 만족하지 못해 주변 사람들을 볶아대고 결국엔 모두를 힘들게 만드는.

머리가 지끈지끈 아팠다. 제발 이러지 말라고 화해를 주선하기도 했는데 이렇게 또…….

"그만 해! 그만 좀 하라구!"

효선의 느닷없는 고함에 수정의 날카롭던 눈이 동그랗게 커졌다. 돌잡이를 시작하려던 사회자가 할 말을 잃었다. 장내가 일순 조용해졌다. 효선은 자리에서 벌떡 일어났다.

수정과 효선의 다투는 소리가 다른 모든 소리를 압도해버렸다. 효선이

"그게 뭐냐?"며 수정을 몰아세우자, 수정 또한 효선에게 느꼈던 반감들을 거침없이 쏟아냈다. 심지어는 "성형괴물 주제에"라는 말까지 나왔다.

정인은 말도 안 되는 현실에 넋을 놓고 있다가 자리에서 일어나 수정의 팔을 잡았다.

"그만, 이제 그만하고, 나가자. 응? 여기서 이러면 안 되는 거잖아."

활활 타오르는 수정의 눈과 마주치자, 정인은 자기도 모르게 움찔했다.

"너한테 그런 말을 할 자격이 있어? 우리가 네 소설 재료야? 넌 우리가 싸우는 것까지 다 받아 적으면서 우리를 이용만 해왔을 뿐이잖아. 그리고 네가 뭔데, 나를 몰래 파악하려고 그래? 네가 뭔데? 이 중에서 네가 제일 구려!"

정인도 화가 치밀었다.

"너도 네 얘기, 선배 드라마에 다 줬잖아. 소설로 써서 발표한 것도 아닌데 내가 뭐? 일기처럼 써놓은 게 구린 거야? 너는 일기 쓰면서 친구들한테 검사받아? 내가 언제 싸움을 이용했어? 허구한 날 모임 나와서 민재 갈궜던 건 바로 너잖아. 왜 네 잘못은 하나도 없고 모든 게 남의 잘못이니?"

수정의 그 표정이 또 나왔다.

"웃기네. 너 몰래 호박씨 깐 것 내가 모를 줄 아니? 민재가 알렉스 은근 좋아하는 걸 뻔히 알면서도 그 사람 꼬셔서 같이 뮤지컬 보러 갔었잖아. 그러고는 민재 보라고 사진까지 올려놓은 것 다 안다고. 그런 주제에 자기는 아닌 척 남을 가르치려 들어? 그러니까 네가 제일 구리다고!"

돌연 민재가 악을 썼다.

"관둬! 다 관두자고! 이런 게 무슨 친구야!"

민재는 마침내 울음을 터뜨렸다. 돌잡이를 하려던 아이한테까지 울음이 번졌다. 화석처럼 굳어 선 채 어쩔 줄 모르던 탕웨이가 아이를 어르는 게 보였다.

MJ클럽 멤버들의 활약으로 돌잔치 하나가 간단하게 엉망이 되었다. 정인은 다음 날 효선에게서 SNS로 연락을 받았다. 연말 여행계약을 해지했고, 그동안 모인 돈을 부쳐줄 테니까 계좌번호를 보내달라는 것이었다.

탕웨이에게 몇 번이나 사과의 뜻을 담은 문자를 보냈지만 답신이 오지 않았다. 전화도 받지 않았다. 자기 아이 돌잔치를 망쳐놓고 친인척들 앞에서 개망신을 준 친구들을 두 번 다시는 보고 싶지 않을 것이다.

세 번째 주 금요일이 다가왔지만 정인은 모임 공지를 하지 못했다.

다음 달 역시 그럴 것이다.

그 다음 달도.

그럼에도
사랑받고
싶다

까만 감정이 올라올 때에는

초겨울이라지만 완연한 가을 날씨였다. 남자가 하늘공원의 노을을 본 적이 있냐고 물었다. 민재가 없다고 하니 지금 가보자며 일어섰다. 커피전문점을 나오다가 남자가 물었다.

"키가 얼마나 돼요?"

"175요. 얼마나 되세요?"

"186요."

민재는 남자의 키가 크다는 얘기를 미리 듣고 오랜만에 빨간색 스틸레토 힐을 신고 나왔다. 힐과 합치면 180cm가 훌쩍 넘는다. 그런데도 남자보다 눈이 아래에 있었다. 민재로선 흔치는 않은 경험이다. 밖으로 나오자 사람들의 시선이 몰려들었다.

"누구야?"

"몰라."

여학생 둘이 묻고 대답하는 게 들렸다. 연예인이나 패션모델 커플이라도 되는 줄 아는 모양이었다. 빨간색 반트렌치코트에 검은색 플레어스커트의 매칭이 괜찮았다는 증명이기도 했다. 차 안에서는 얼마 전에 봤던 영화며 좋아하는 음악 이야기를 했다. 남자는 취향까지 괜찮았다.

가방 속에서 휴대폰 신호음이 났다. 민재는 재빨리 꺼내어 확인해보았다. 음식점 쿠폰 발급 안내 메시지였다.

"기다리는 연락 있어요?"

"아뇨. 그냥."

민재는 그렇게 대답하면서 SNS를 다시 확인해보았다. 친구들의 소식은 여전히 없었다. 효선한테 입금확인 메시지를 받은 게 끝이었다. 그 이후로 연락이 끊어졌다. 민재는 먼저 연락해볼까 망설이다가 그만두기를 반복했다. 그러면서도 휴대폰 신호음이 나면 친구들이 아닌지 확인을 하고 실망을 거듭했다. 독한 것들.

하늘공원 주차장에 도착한 남자가 차에서 내려 앞장섰다. 걸음이 너무 빨라 쫓아갈 수가 없었다. 키가 커서 여자의 힐이 보이지 않는 것인지, 원래 자기 갈 길만 가는 스타일인지. 공원 입구는 끝을 가늠할 수 없는 나무 계단이었다. 민재는 하늘까지 이어져 있는 듯한 계단을 보자 화가 치밀어 귀까지 빨개지는 걸 느꼈다. 하이힐에 짧은 플레어스커트 입은 여자를 도대체 무슨 정신으로 이런 데에 데려온 것인지.

어쩔 수 없이 남자를 따라 계단을 오르기 시작했다. 가방으로 뒤를 가렸지만 밑에서 따라오는 남자들의 시선 때문에 미칠 것 같았다. 숨을 몰아쉬면서 계단 꼭대기까지 올랐다. 오기가 났다.

그 좋아하는 하늘공원 어디 한번 가보자.

하늘공원에서 민재를 맞이한 것은 바람이었다. 갈대숲을 무너뜨리며 몰아쳐온 바람이 그녀의 전신을 후려쳤다. 반트렌치코트가 풍선처럼 부풀었고 스커트는 두 다리에 딱 달라붙었다. 더 짜증나는 건 머리였다. 한두 번의 바람으로 산발이 되었다. 미친년이 따로 없었다. 눈물이 나려는데 남자가 말했다.

"우리, 더 만나보지 않을래요?"

서른이 되어가는 여자에게 여자친구들이 좋은 점. 어떤 얘기든 눈치 보지 않고 마음 편하게 할 수 있다. 짜증나거나 기분 나쁘거나 힘들거나 외롭거나 고통 받을 때 곁에 있어준다. 척 보고 상태를 알아채고는 위로해준다. 아무리 사랑하는 남자라도 이건 정말 해주기 어렵다.

민재의 MJ 친구들이 그랬다. 어떻게 표현해도 일단은 받아주는 친구들이었다.

우정은 자연과도 같아서 스스로 치유된다고 믿었다. 실제로 그렇기도 했다. 수정과 몇 번이나 다퉜지만 시간이 지나면 제자리로 돌아오곤 했다. 하지만 한계도 분명히 있었다. 친구가 예민하게 반응하는 부분이 바로 친구의 아픈 곳이다. 그런데 그 부분을 계속 건드린다면······.

후회의 감정이 싹텄다. 적어도, 청담동 편집매장에서 수정을 상대로 '너 어디 두고 봐' 하는 생각까지 품을 필요는 없었다. 스스로 노력해서 번 것도 아닌 아빠의 돈으로, 일 년 열두 달 아르바이트로 돈을 버는 수정에게 그렇게 잘난 척하는 게 아니었다.

친구들이 너무나 보고 싶어졌다. 오늘 얼마나 당황스럽고 힘들고 외로웠는지 친구들에게 낱낱이 말해주고 싶었다.

❈❈❈❈

장마녀가 밑줄을 잔뜩 그어놓은 정인의 단편소설 출력본을 보면서 말했다.

"뭐…… 그런대로 읽을 만은 한데, 그냥 그랬구나 하는 느낌 정도야. 내가 후하게 점수 줄 수 있는 부분은 유니크하다는 건데……."

내 선택인 줄로 굳게 믿었던 것이 알고 보면 착각이었던 경우가 있다. 남들, 혹은 세상에 맞추기 위해 그 '역할'을 하고 있던 것일 수도 있다. TV 광고나 연예인의 사생활, 누군가의 블로그에서 보았던 이미지를 받아들여 공감하고 소비하며 나의 것이라고 착각한다.

장마녀가 말했다.

"이 원고의 유니크한 대목은 용기 있게 당신만의 것에서 출발했다는 부분이야. 당신이 그 뭐냐, 보는 사람도 없는 문예지에서 경험했던 것처럼, 진짜 나만의 것을 뽑아낸다는 건 힘든 일이거든."

이를테면 알게 모르게 가지고 있던 강박이나, 약점으로 생각해 감추거나 회피하려고 했던 것들, 그런 것들과 마주하는 일.

장마녀는 소감을 이렇게 정리했다.

"다시 써봐. 어머니 관점이라면서, 쓰잘머리 없이 멋지게 표현하려고 하는 바람에 자의식 과잉이 쩔어. 뭐…… 독자를 고통스럽게 해야만 좋은 소설이라고 생각한다면야 어쩔 수 없지만."

정인은 퇴근길에 오피스텔 입구의 카페에 들렀다. 매일 카페에서 그림자처럼 드리워지는 외로움과 마주 앉았다. 토요일이었던가? 해가 저

물고 밤이 이슥해진 뒤로는 자신보다 훨씬 커진 외로움을 만날 수 있었다. 외로움과는 좀처럼 친구가 될 수 없었다.

정인은 친구들과 어울리면서 줄곧 나르키소스였다. 친구들은 그녀에게 양떼였다. 정인은 친구들과 어울리면서 묘한 우월감을 느끼곤 했다. 나르키소스 스타일로 표현하자면 '양떼는 내가 없으면 살 수 없을 거야.' 하지만 나르키소스가 현실의 인물이라면 아마도 이렇게 말해야 할 것이다.

"양떼가 없다면 나는 살 수 없을 거야."

친구들이 살아가는 이야기를 소설로 써보고 싶은 것까지는 좋았다. 그런데 만나는 과정에서 자꾸 건지다보니까 욕심을 부리게 됐다. 옛날 기억까지 합쳐져 차차 생생해졌고, 마침내는 친구들이 배신감을 느낄 만한 부분까지 포함됐다.

친구들 사이에 오가는 말들까지 교정을 보아가며 지적질을 했다. 지적질 또한 우월감의 발로였다. 그런데 오탈자를 잡아 고치는 교정은 열심히 봤지만, 전체적인 문맥을 다듬는 교열 수준에는 이르지 못했다. 그래서 친구들 모임이 이렇게 된 것이었다.

정인은 수첩에 만년필로 낙서를 했다. 옛날에 읽었던 어떤 책에서 할머니가 속상해하는 아이에게 이렇게 말하는 대목이 있다.

"시커먼 감정이 솟구치면 마음 깊은 곳에 도사린 생각을 전부 종이에 써보려무나."

친구들이 있어서 함께 즐거울 수 있었는데⋯⋯. 정인은 그 친구들의 할머니는 아이가 생각을 종이에 쓰자 이렇게 말했다.

"다 썼니? 그러면 종이를 찢어버리고 물을 한 잔 시원하게 마셔보렴."

정인은 수첩에 낙서한 부분을 찢어 잘게 조각냈다. 그런 다음 얼음물을 벌컥벌컥 들이마셨다. 속이 시렸다.

쩡인♡빛사마
'SKONY'
성준 윤선
재연 ♡ 혜진

희망은 상처받기가 쉽다

수정은 드라마에서처럼 극적인 반전이 일어날 것이란 기대를 버리지 않았다. 기대는 동화 속 콩나무처럼 무럭무럭 자라나 구름 위까지 치솟은 확신이 되었다. 선배한테서 연락이 올 거였다. 선배는 그녀한테 사과를 하고 오해를 풀어줄 것이다. J에게는 이용당했을 뿐이라고. 원래부터 약아빠진 애였다. 선배의 드라마가 잘 되니까 접근했을 게 뻔했다.

전화를 깜빡하고 나오는 바람에 하루 종일 전전긍긍했다. 선배한테 연락이 오지나 않았을까, 정신이 집에 두고 온 전화에 붙들려 있었다. 일이 끝나자 부리나케 달려가 지하철을 탔다. 휴대폰을 들여다보는 사람들이 그렇게 부러울 수가 없었다. 그것을 가지고 나왔더라면 지금 이 시간, 선배와 만나 오해를 풀며 즐거운 시간을 함께 보내고 있을지도 모를 일이었다. 아니다. 지금이라도 연락만 된다면 만날 수 있다. 아니다. 차라리 잘된 일인지도 모른다. 선배 또한 연락이 되지 않는 불안과 초조를 체험해볼 필요가 있다. 어쨌거나 집에만 가면.

선배의 부재중 전화 또는 메시지를 확인하고 그에게 연락하는 것으로 다시 둘의 이야기가 근사하게 시작될 것이다. 상처받고 아팠던 마음이 금세 아물고 되살아날 것이다.

전화는 책상 위에 놓여 있었다. 수정은 화면을 확인하고 망연자실서 있었다. 부재중 전화는 죄다 070 또는 1544 번호뿐이었다. 선배한테서는 전화도 메시지도 없었다. 그에게 전화를 걸고 싶었다. 그의 솔직한 마음을 알고 싶었다. 차라리 용서라도 빌고 싶었다. 어떻게든 그의 곁에 있고 싶었다. 그러나 그의 전화번호를 지워버리고 난 후였다. 휴대폰의 온갖 기능을 뒤져보았으나 삭제해버린 전화번호를 되살리는 방법은 찾아낼 수 없었다.

수정은 침대에 누워 천장을 바라보았다. 희망과 욕망 가운데 어느 쪽이냐고 한다면 수정은 욕망 쪽이었다. 희망보다는 욕망으로 살아왔다. 그래서 상처를 덜 받을 수 있었다. 남들에게 기대를 주려 한 적이 거의 없고, 남들에 대한 기대는 정기 대청소처럼 규칙적으로 지워버렸다. 오로지 스스로를 지켜내고 목표를 달성하겠다는 욕망만으로 살아왔다.

반찬 하나 마음껏 못 해먹으면서 돈을 모아놓는 엄마와, 그걸 한번에 털어가는 아버지라는 사람, 심지어는 딸의 작은 꿈까지 가차없이…… . 그런 일이 비일비재 일어나는 환경에서 살다 보면, 희망이라는 게 얼마나 허망한 것인지를 절망스럽게 되새기지 않을 수 없을 것이다.

수정은 늘 혼자였다. 세상은 어차피 혼자라는 믿음으로 20년을 살았다. 그나마 마음을 주고받았던 친구들이 있었다. 수정이 '자기 보호' 가시로 찔러도 떠나지 않고 곁에 있어주던.

민재를 미워할 수밖에 없는 또 하나의 이유가 있었다. 뭐 하나 잘하는 게 없는데도 그녀를 사랑해주는 아버지를 가졌다는 점. 아무것도 하지 않으면서도 아버지의 무조건적인 사랑을 받을 수 있는 그 아이가 싫었다.

이불을 덮어쓰자 어둠 속에서 아픔이 몰려왔다. 엄살이 아니었다. 입에서 끙끙 앓는 소리가 새어나갔다. 차라리 이렇게 아프고 말자. 이렇게 아프고 나면 마음속 어딘가에서 철컥 하고 자물쇠가 풀리길 기대하면서 수정은 고통 속으로 순순히 끌려 들어갔다.

이를 악물었다.

울지 않을 거야.

세상에서 가장 강한 남자

남편은 아무 말 없이 듣기만 했다.

효선은 고민 끝에 남편에게 모든 것을 털어놓기로 했다. 이기적인 결론이었다. 착한 척은 그만하고, 내 마음부터 편할 수 있게. 그가 추악한 현실로부터 도망을 치거나 그녀와의 사이에 높은 담을 쌓을지는 전적으로 그의 판단에 맡기기로 했다.

그녀는 떠듬떠듬 이야기하면서 감정에 겨워 울먹이기도 했다. 배신감에 상처받은 남편이 분노를 터뜨릴 것이라고 예상했다. 하지만 남편은 말이 없었다. 거실 바닥의 원목 바닥재에 움푹 파인 곳을 골똘히 바라보고 있었다. 왜 저렇게 됐더라. 기억이 나지 않았다.

눈물이 쏙 들어갔다. 불안은 곧바로 현실로 나타날 터였다. 시간이 지나도 남편은 그녀를 보지 않았다. 효선은 이제 남편이 고개를 들어 자기를 보게 될까 봐 두려워졌다. 남편의 눈. 그녀가 프러포즈를 받아들였을 때, 믿기지 않는다는 듯 바라보던 눈. 그 눈이 원목 바닥재의 움 푹 파인 곳에서 벗어나 그녀를 향하게 되면 그때와 달라진 그의 마음을 보여줄 것 같았다.

'너, 이러려고 나랑 결혼했던 거야?'

효선은 눈을 질끈 감았다. 이러려고 그런 일들이 있었던 것 같다.

10년 가까이 곁에 있어주었던 친구들과 헤어졌다. 20대를 정리하고 서른을 맞이하기로 했던 연말여행도 물거품이 되어버렸다. 비상금으로 혼자만의 여행을 떠나야 할 것 같다. 그보다는 이혼이 먼저겠지?

그녀는 가방이며 보석을 판 것부터 월급에서 떼어 엄마에게 보내준 돈 이야기까지 남기지 않고 털어놓았다.

부부 사이고 공동의 재산이니까 괜찮은 것 아니냐고 마음속으로 우격다짐을 해본 적도 있다. 하지만 부부 공동의 것이라도 상의 없이 몰래 처리하는 것은 잘못이다. 부부간에 절도죄는 인정이 되지 않으나 이혼사유에는 해당되는 것이다.

남편이 입을 열었다. 건조하고 쉰 목소리였다.

"중고숍에 넘겼던 것들, 자료를 가져와 봐."

남편은 말없이 영수증과 인수증 같은 종이들을 살펴보았다. 보고 다시 보고, 날짜별로 분류하면서 살펴보았다. 용수철처럼 튀어나오려는 화를 억지로 누르고 있는 것 같았다. 그걸 전부 합산하면 그야말로 상당한 금액이니까.

사랑이라면 무엇이든 극복할 수 있다. 그러나 당사자 둘이 아닌 양쪽 집안의 문제가 되면 또 다른 차원이 된다. 이해관계로 보게 되는 것이다. 여기에 있던 것들을 저기로 옮긴 효선이, 시어머니의 관점에선

‘저쪽 집안의 빨대’로 보일 수도 있는 것이다.

“우리 어머니, 용서하지 않으실 거야. 돈도 중요하고……. 뭣보다도 당신 성의를 배신한 거라고 여기실 테니까.”

그 말에 참았던 눈물이 흐르기 시작했다.

“어머니는 눈 밖에 나면 그걸로 끝이거든.”

마마보이 남편이 다시 한 번 강조했다. 남편은 종이뭉치를 누런 서류봉투에 챙겨넣었다. 어머니 때문에라도 어쩔 수 없다는 게 그의 뜻 같았다. 그러니까 헤어지자고.

남편이 티슈를 몇 장 뽑아 효선에게 주었다. 그러고는 서류봉투를 서재에 갖다놓고 돌아오다가 문득 생각난 것처럼 말했다.

“자기 사정도 잘 알겠는데……. 그러면 우리…….”

효선이 고개를 들자 남편과 눈이 마주쳤다. 그의 눈에선 ‘이러려고 결혼했던 거야?’의 느낌을 찾아볼 수 없었다.

“차라리 이민이라도 갈까? 아는 사람 없는 외국 가면 둘이서만 새로 시작해볼 수 있잖아?”

어이없는 말이었다. 하지만 그런 철딱서니 없는 말에 살얼음처럼 조마조마했던 마음이 풀리기 시작했다. 효선이 물었다.

“이민 가면 뭐 해서 먹고 살게?”

남편이 어깨를 으쓱하고는 대답했다.

“학원이 있더라. 호주이민 전문 용접학원. 영어는 좀 하니까 용접기술 배워서 자격증 따면 자기 하나 먹여 살리지 못하겠어?”

효선은 말문이 막혔다. 가슴에서 뭔가가 치밀어 올라와 입 밖으로 튀어나가려고 했다. 입을 다물었는데도 어쩔 수 없이 새어나가고 말았다. 울음이었다. 그녀는 무방비 상태로 울기 시작했다. 아기처럼 울었다. 남편이 그녀의 어깨를 안고 등을 부드럽게 쓸어주었다. 남편은 어머니에게 발각되면 자기가 뒤집어쓰겠다고 했다.

"도박했다고 하면 나라도 용서 안 하실 테고, 그냥 선물옵션 투자하다가 말려들어갔다고 하지 뭐."

그의 품에 안겨서 한참을 울다가 물어보았다.

"내가 자기 속여왔잖아. 그런데도 나 싫지 않아?"

바보 같은 질문. 그가 바보처럼 대답했다.

"나 하나 믿고 따라왔잖아. 널 어떻게 미워하겠니."

마음 편하려고 용기를 내길 잘한 거였다. 그에게 틈을 드러내자, 그가 그 틈을 메워주었다. 효선은 비로소 온전해진 자신을 느꼈다.

남편은 마마보이나 캥거루족이 아니었다. 순한 얼굴을 가진, 세상에서 가장 강한 남자였다. 사랑하는 여자를 지켜줄 줄 아는.

효선은 행복이라는 것을 느꼈다.

그녀에게 비로소 가족이 생겼다.

미안해, 정말

선배는 문을 조금만 열고는 고개를 내밀었다. 수정이 문을 잡아채려고 하자 재빨리 밖으로 나와 문을 막아섰다. 안에 누군가 있는 것이다. J일 것이다.

"얘기 좀 해요."

"무슨 얘기?"

"저한테 할 얘기 없어요?"

"무슨 얘기를 원하는데?"

"선배의 진심요. 저는 선배가 지금 이러는 거 진심이 아니라고 믿어요. 선배……."

선배가 그녀를 말없이 바라보았다. 안경 안으로 보이는 그의 눈동자에선 그 어떤 우호적이거나 적대적인 느낌을 받을 수 없었다. 속이 보이지 않는 남자. 이런 남자였던가. 선배가 입을 열었다.

"그만 가줄래? 너, 이렇게 촌스러운 앤 줄은 몰랐어."

수정이 얼어붙어 있는 사이, 선배는 오피스텔 안으로 들어가버렸다. 곧바로 문이 잠겼다. 문의 반대편에서 선배의 혼잣말이 들려왔다. 혼잣말은 아닐 것이다. 뚜렷하게 들렸으니까.

"아! 짜증나. 피곤하네, 정말."

여자의 목소리가 그 말을 받았다.

"그러게 내가 뭐라고 그랬어? 너무 잘해주지 말라고 했잖아. 저런 애들은 조금만 잘해주면 자기 주제를 모르고 나댄다니까!"

J였다. 나이도 어린 게. 선배가 화를 냈다.

"네가 시키는 대로 하다가 이렇게 된 거잖아!"

이게 무슨 말이지? 수정의 뇌리 속을 빛의 속도로 지나가는 게 있었다. 어떻게 된 영문인지 파악되는 것은 순식간이었다. 화가 치밀었다. 수정은 문짝을 차주려고 오른쪽 발을 뒤로 들다가 이내 내려놓았다. 그러고는 어깨를 축 늘어뜨린 채로 오피스텔을 내려왔다.

그때 신문 기사에서 J에 대한 언급이 나왔을 때 그 가능성을 염두에 두었어야 했다. 사랑에 눈이 멀었던 나머지 무조건 덮으려고만 했다. 그럴 리가 없다면서. 내가 사랑하는 사람이 나를 배신했을 가능성은 없다는 식으로.

J는 스터디팀의 원년 멤버였다. 수정을 가장 오랫동안 지켜봐온 동료이기도 했다. 수정은 J를 볼 때면 묘하게 기분이 나빴다. 그녀가 짓는 묘한 웃음이 마치 '네 짝퉁, 내가 다 알거든'의 의미처럼 느껴졌기 때문이었다.

수정이 가장 싫어하는 게 남에게 간파당하는 일이었다. 어느 누구도 쉽게 넘어올 수 없도록 높은 담을 쌓아올렸다. 그럼에도 소용없었다. 그런 경계심이 오히려 J의 호기심을 자극했고 마침내는 간파당한 것이었다. 여러 차례 공모전 대본을 준비하면서 수정 자신의 경험은 어떻게든 감추려고 했다. 하지만 거듭되는 낙선에 좌절했고 이따금 타성에 젖은 글을 쓰다 보니 자기 경험을 투영한 이야기들이 덩어리로 붙어 다니는 경우가 있었다.

자기 일보다는 남의 약점에 관심이 많았던 J는 수정의 대본을 수년 동안 접해오면서 그런 공통분모가 누구의 경험인 줄 이미 알고 있었던 것이다. 수정이 자기 대본에 차마 표현할 수 없었던 '색다른 경험'이 선배의 데뷔작을 남다르게 만들기 위해 필요했다. 그래서 접근했던 거였다.

아하하하.

자기도 모르게 웃음이 나왔다. 똑똑한 척은 다 하고 다녔는데. 이렇게 어이없이……. 엄마한테 뭐라고 할 입장이 아니었다. 한복집을 하면서 노리개마저 직접 만들어 한 푼이라도 더 벌려고 아등바등하는 엄마, 그렇게 힘들여 모아놓으면 나타나서 날름 들고 사라지는 아버지라는 사람, 그리고 그의 뒤에서 그걸 누리기만 하는 다른 여자들.

직업을 가져볼 생각도 해보지 못한 채 아르바이트를 뛰면서 시간 쪼개어 드라마 공모전을 준비해온 딸, 그렇게 만들어놓은 캐릭터 가운데 하나를 핀셋으로 집어 자기 성공에 써먹은 선배라는 사람, 그리고 뒤에서 그것을 코치해준 다른 여자. 판박이 삶이란 이런 거였다.

휴대폰이 신호음을 냈다. 효선의 SNS 메시지인 것 같았다. 계좌번호 보내달라는 것일 게다. 수정은 확인하지 않은 채 전원 스위치를 눌러 휴대폰을 꺼버렸다. 그녀는 지하철 창밖에서 함께 달리는 어둠을 보면서 생각에 잠겼다.

가연이라는 인물은 수정, 자신이었다. 원래의 대본에서는 신파조를 감수하는 설정을 고집했다. 비극으로 끝날지언정 의미 있는 삶을 선사해주고 싶었다. 외톨이로 살아온 그녀가 품어온 로망이었다. 그런데 그 로망마저 가장 가까워졌다고 생각했던 사람에게 빼앗겨버렸다. 드라마 속에서나마 아낌없는 사랑을 받아보고 싶었는데.

그가 혐오스러웠다. 그러나 동시에 그만한 그리움의 크기로 그가 보고 싶었다. 그를 다시 한 번 믿어보고 싶었다. J에게 꼬임을 당했을 뿐, 양심의 가책을 느끼고 있을지도 모른다. 그의 오피스텔로 다시 돌아가볼까? 이내 고개를 저었다. 생각이 만들어내는 헛된 망상에서 이제는 벗어나야 했다. 오늘만한 날이 없다. 엄마는 외삼촌댁에서 자고 내일 아침에 돌아오겠다고 했다. 매년 외삼촌 생신 때마다 그랬으니까 새삼스러울 것도 없다.

지하철역에서 나와 집으로 향할 무렵, 고층 아파트 사이의 바람골을 타고 또 다른 생각이 몰아쳐왔다. 강하게 불어온 생각의 바람이 그녀를 흔들어대기 시작했다. 더 빠르고 더 강하게 그녀를 몰아붙이는 바람에 수정은 숨이 막혔다. 그 사람만의 잘못이 아닐지도 모르겠다는 생각. 그 생각이 수정의 머릿속 다른 가능성들을 사정없이 집어삼키기 시작했다.

그녀는 집에 오자마자 따뜻한 물로 샤워를 했다. 정성을 들여 샴푸를 하고 린스로 마무리했다. 몸 구석구석을 보디클렌저로 꼼꼼하게 닦았다.

난 촌스러운 애가 아니야. 스스로를 지켜내기 위해 방패를 들었을 뿐이었다. 엄마를 제외하고는 세상 어느 누구도 믿을 수 없었다. 아니, 때로는 엄마조차도.

방패에는 어느덧 가시가 둘러졌고, 다가오는 사람마다 그것에 찔리고는 멀어져갔다. 그렇게 방패 덕분에 상처받지 않은 것까지는 좋았다. 문제는 그녀 자신이 가시 방패와 합쳐지면서 고슴도치가 되어버렸다는 점이었다. 그러니까 그녀에게는 사랑을 받을 자격 같은 게 애초에 없었는지도 모른다.

예전에 그가 했던 말들이 다시 떠올랐다.

'그래. 그 친구, 많이 아껴주고 보듬어줘야겠구나. 어떤 시인이 시에 써놨더라. 응달에서 자란 꽃의 꽃말이 외로움이라고.'

수정은 가연의 실제 주인공이 효선이라고 거짓말을 했었다. 하지만 선배는 그 점을 이미 알고 있었다. 그런데 선배의 그런 말이 과연, 진심을 조금도 담지 않고도 가능한 것일까?

'같이 일하면서 도움을 주고받을 수 있는 사람이면 좋겠어요. 대본 공동작업도 할 수 있고요. 선배는요?' '나도 그래.'
'네가 내 대본에 행운을 갖고 들어왔나 봐. 우리 둘이 머리를 더 짜내야겠어. 잘됐지 뭐.'

사랑받을 가치가 없는 그녀를, 그는 아주 조금이나마 사랑해주었던 것 같기도 했다. 함께 작업을 했던 시간이 꿈만 같았다. 두 번 다시 돌아올 수 없는 행복한 시간.

모든 게 무너져버린 지금. 그에게 복수하고 싶다는 생각도 없다. 그래봐야 의미도 없으니까. 진정으로 의미가 없는 건 수정, 그녀 자신이었다. 언제는 기꺼이 이용당해주겠다고 해놓고는, 이제 와서 배신당했다며 펄펄 뛰는 못난 자신이었다.

수정은 헤어드라이어로 머리를 말리며 거울을 보았다.

29년, 살아오면서 가장 행복했던 게 바로 올해였다. 참 열심히 살았다. 그렇게 사느라고, 이제는 정말이지, 지쳤다.

푹 쉬고 싶었다. 생각의 가시들이 자책으로 마음을 찔러 비명이 터져 나오기 전에 어서 빨리 잠들고 싶었다. 선배와 수정이 대본에서 타협을 하지 않았던 것처럼 해피엔딩이란 없다.

형식 선배를 도와 데뷔작 성공시키기. 또한 선배와 잘되기.

스물아홉 버킷리스트 중에서 그녀가 가장 마음을 두었던 항목. 절반은 이뤘으니, 올 한 해를 열심히 살았던 의미가 전혀 없었던 것은 아니다.

수정은 엄마의 서랍에서 약을 남김없이 모조리 꺼냈다. 콧노래를 부르면서 즐거운 기대로 스스로를 속이면서 그것들의 포장을 하나하나 벗겼다. 즐거운 척은 했으나 손이 덜덜 떨려서 자꾸 떨어뜨려야 했다.

이런 삶 말고 또 다른 어떤 세계가 분명 있을 터였다. 그리로 가보고 싶었다. 거기서 남은 이들을 지켜보고 싶었다. 사람들이 자신을 얼마나 오랫동안 기억해줄지도 알고 싶었다.

약을 침대 위에 일렬로 늘어놓았다. 이어폰을 끼고 데미안 라이스의 〈나인 크라임즈9 Crimes〉를 선택한 뒤 반복재생 설정했다. 듀엣을 이룬 여성의 아름다운 보컬과 함께 황량한 피아노 멜로디가 이어졌다.

맥주 한 모금에 약 세 알. 수정은 그렇게 마지막 규칙을 정했다. 우울한 첼로 선율과, 데미안 라이스의 회한과 비통함에 젖은 고백과도 같은 목소리가 읊조리듯 울려퍼졌다. 또 맥주 한 모금에 약 세 알.

수정은 쓸쓸하게 웃었다.

왜 그렇게 힘들었을까. 가시를 곤두세우고. 피곤하게.

그냥 힘을 좀 빼고 편안하게 살아갈 수는 없었던 것일까.

데미안 라이스와 여성 보컬, 누구더라? 리사 해니건이었다. 남녀의 슬픈 조화가 어우러졌다. 수정은 다시 희미하게 웃었다. 그런데 약이 효과가 없나? 이런 와중에 그런 것까지 기억이 나게. 그런 의미에서 또 한 모금, 세 알. 데미안 라이스가 노래로 물었다.

"Is that alright(정말 괜찮은 거야)?"

수정은 고개를 끄덕였다. 괜찮지. 또 한 모금과 세 알.

응달에 핀 꽃의 꽃말이 외로움이라니. 선배가 그녀의 뿌리 깊은 외로움을 알아주었기에 그에게 그토록 고마웠는지도 모른다. 하지만 끝내 그로부터 버려졌고, 꽃이란 원래부터가 덧없는 것인지도 모른다.

나른한 첼로 선율을 타고 슬픔이 찾아왔다. 수정은 가만 누워 이불을 덮었다. 정확하게 누구에게 해야 할지는 알 수 없었지만 사과를 하고 싶었다.

"미안해. 정말."

눈을 감았다.

눈물이 눈꼬리를 타고 흘렀다. 미안해.

그리고 어둠. 정말.

스물아홉,
늦었다고 하기엔
미안한

파랑새 증후군이면 어때

독일 여성 감독 도리스 되리는 영화 〈파니 핑크〉에서 스물아홉 살 여주인공의 입을 빌려 이렇게 말한다.

"여자 나이 서른에 좋은 남자를 만나기란, 길을 걷다가 원자폭탄을 맞는 것보다 더 어렵다."

민재는 옷을 하나씩 분류하면서 그 대사를 떠올렸다. 왼쪽은 옷방으로 다시 들어갈 것들, 오른쪽은 기부하거나 버릴 것들.

파니 핑크처럼 서른을 맞이하지 않으려고 올해가 시작되자마자 부지런히 움직였다. 맞선에 소개팅, 그 밖에도 다양한 경로로 열다섯 명의 남자를 만났다. 그 중에 '좋은 남자'는 없었다. 그래도 민재에게는 내년이 있다. 학교를 일찍 들어가 내년이 진짜 스물아홉이므로, 서른 전에 어떻게든 해볼 기회가 한 번 더 있는 셈이다.

진짜 스물아홉의 분발을 위해 민재는 진심으로 달라지기로 결심했다. 입지 않는 옷들, 마음에 안 드는 옷들, 그때는 예뻤지만 지금은 아닌 옷들을 정리해 좋은 일을 위해 내놓기로 했다. 정리하다 보니까 선택 단계에서 실패한 옷들이 매우 많았다. 빨리 반품 또는 교환, 그것도 안 되면 헌옷으로 내놓든가 해야 했다. 하지만 실패를 인정하는 게 힘들었다. 어쩌면 '내 스타일'을 모르기 때문에 이것저것 사 모으기만 했던 것일 수도 있다.

민재는 그때 돌잔치에서 수정의 비난을 들었을 때에는 속이 뒤집어지는 것 같았다. '의식 있는 척으로 열등감을 숨기며 옷으로 포장하려든다'는 원색적인 디스였다.

그녀는 시간이 꽤 지난 뒤에야 '인정하기 싫었던 나'를 찾아냈다. 있어도 그만 없어도 그만인 그런 아이, 평범해도 그렇게 평범할 수가 없는 아이. 어릴 때부터 스스로를 그렇게 생각할 때가 많았다. 하지만 수정의 비난 중에서 '의식 있는 척'은 아니었다. 답답한 현실에 대항하는 민재 나름의 몸부림이었고 더 나은 세상을 위한 작은 실천이었다.

민재는 아빠가 퇴근하기를 기다렸다가 새로운 결심을 말씀드렸다. 뉴욕대 영화과에 진학해 영화를 본격적으로 공부하고 싶다고. 아빠가 기가 막힌다는 표정을 짓다가 버럭 화를 냈다.

"대학원 간다더니 이게 뭐하는 짓이야? 민재 너도 그 무슨 파랑새 증후군인가 그거냐? 배부른 소리 하지 말고 결혼이나 해!"

민재는 과일을 찍었던 포크를 내려놓고 방으로 돌아가 문을 쾅하고 닫아버렸다. 검색 결과가 많았다. 아빠도 어제 신문에서 본 것 같았다. 직장인의 60~70%가 파랑새 증후군이라는 뉴스였다. '파랑새 증후군'이란 지금보다 더 나은 이상만을 쫓으며 현실에 만족하지 못하는 현대인의 심리적 증세를 말하는 용어란다.

민재 또한 그랬다. 이것 좀 하다 말고, 저것 좀 하다 말고, 남들이 좋다는 것에 집적댄 게 한두 번이 아니었다. 올해만 해도 공무원시험을 준비하다가 대학원으로 마음을 바꾸었다. 하지만 영화 공부는 진짜 진짜다. 뉴욕대 영화과에 가서 공부해 감독이 되고 싶다. 생각만 해도 설렌다. 마틴 스콜세지와 올리버 스톤, 스파이크 리, 짐 자무쉬, 조엘 코엔 같은 사람들의 후배가 되는 것이다.

파랑새 증후군이면 어때? 난 아직 서른도 안 됐는데. 기회가 있을 때 도전해보는 거지. 이것저것 해보고 아니라는 것을 확인하면서 인생의 길을 가다보면 속도는 남들보다 느릴 수 있다. 그러나 '나다운 길'을 갈 수 있다. 느리면 어때? 나의 길을 가면 되는 거지.

민재는 방에서 나와 아빠에게 성큼성큼 갔다. 그리고 일사천리로 입장을 전했다.

"아빠, 정말 중요한 건 제 인생을 사는 거잖아요? 그러려면 도전하고 부서지고 다시 다른 것에 도전하는 과정을 반복하는 게 당연한 것 아닌가요? 자꾸 부딪혀봐야 제가 어떤 능력을 얼마나 갖고 있는지, 어디까지가 한계인지, 그리고 어떻게 극복할 것인지 알 수 있잖아요. 영화는 전부터 계속 하고 싶었어요. 용기를 내지 못했을 뿐이지, 제 간절한 소망이에요. 파랑새 증후군이라도 좋아요. 영화공부 꼭 할 거예요."

아빠가 입을 다물지 못하는 게 눈에 들어왔다. 딸의 일장 연설에 감동을 받은 것 같았다. 민재는 속으로 미소를 지었다. 그러면 그렇지.

아빠가 어림도 없다는 듯 말했다.

"안 되겠다. 당장 신용카드 내놔."

재능은 어디에서 시작되는가

미영은 알렉스를 만났다. 커피를 마시는 대신, 근처 갤러리에서 열리는 사진전을 둘러보기로 했다. 두 달 전부터 '가봐야지' 하면서도 어쩌다보니 미뤄온 우리나라 출신 세계적 사진작가의 전시회였다.

알렉스와는 10월 초 회의에서 만난 뒤로 처음이었다. 각자 바빴다. 알렉스는 중국 사업 출장을 일주일에 한 번씩 다닐 정도였고, 미영 역시 회사합병을 둘러싼 협상 때문에 정신이 없었다. 미영은 회사의 규모를 키우기 위해 후배가 경영해온 홍보대행사와 합병을 하기로 했다.

사진작가의 작품은 피사체를 찾아다니며 렌즈를 들이댄 결과물이 아니었다. 대상을 관조하다가 아이디어를 떠올리고 구현해낸 미술에 가깝다고 봐야 했다. 거의 흑백작품이었다. 흰색부터 검정 사이를 촘촘하게 표현하는 톤과 뉘앙스가 감동이었다.

알렉스가 사진을 보다가 생각난 듯 미영에게 물었다.

"그런데 모임은 왜 그렇게 됐대요? 지난주엔가 민재 씨하고 통화를 했는데 이유는 얘기해주지 않더라고요."

미영은 그사이 정인을 두 번 만나 밥을 먹었고, 민재는 와인 한잔 하며 위로해주었다. 둘 다 각각의 자책감에 힘들어하고 있었다.

"대판 싸웠대. 이유야 뭐…… 전부터 자주 티격태격했으니까……. 서로에게 받은 상처가 아물 때까지는 만나고 싶은 생각이 들지 않겠지."

마침 신문에 실린 사진작가의 인터뷰가 한쪽 벽면에 붙어 있었다. 예술적 감수성과 영감의 원천을 묻는 질문에 대한 사진가의 답변이 인상적이었다. 유년시절의 열등감과 외로움이 출발점이었다고 했다. 내성적인 성격에 잘하는 것도 없어서 늘 형제들과 비교를 당했단다. 잘생기고 성적도 좋은 형제들에 비하면 그는 초라하고 존재감 없는 소년이었다. 늘 쭈그리고 앉아 땅에서 뭔가를 찾던 기억이 있다고 솔직하게 털어놓았다. 알렉스가 유심히 보다가 말했다.

"스탠퍼드에서 예술학 강의를 들은 적이 있는데요. 비슷한 대목이 있었어요. 재능이란 남들보다 뛰어나서가 아니라, 결함이나 상처를 메우려는 분투에서 시작된다는 얘기였죠. 그때는 이해하지 못했는데 이 기사를 보니까 뭔지 알겠네요."

상처가 아물면 뭐가 될까.

티베트 소년의 미소가 흑백사진 속에서 환하게 펼쳐졌다. 어쩜 이렇게 티없이 맑게 웃을 수 있을까. 미영은 잠시 서서 그 사진을 물끄러미 바라보았다. 볼수록 마음이 편해졌다. 선배의 미소 또한 그랬다. 그 선배 덕분에 미영은 삶의 밑바닥에서 용기를 찾아냈다.

그녀가 이혼을 하고 나서 깊은 산골 오두막으로 선배를 찾아갔을 때였다. 선배는 1년도 되지 않는 시간 동안 타이어회사의 마스코트처럼 뚱뚱해진 미영을 보고도 크게 놀라지 않았다. 힘들다고, 죽고만 싶다고 엎드려 우는 미영의 등을 힘껏 때리면서 화를 냈다.

"병신, 나도 이렇게 즐겁게 잘 살고 있는데 네가 뭐라고……. 힘내서 살아!"

선배는 그때 말기 암이었다. 미영은 한심한 선택을 해놓은, 그래서 불행을 끌어들인 바보 같은 자신을 어떻게 해야 할지 오랫동안 생각했다. 결론은 상처를 받아들이고 괜찮다며 다독여주는 거였다. 한순간의 선택으로 망쳐놓은 삶을 변화시킬 수 있는 틈이 그렇게 생겨났다.

운동이라곤 해본 적이 없던 그녀에게 수영은 미칠 듯한 고통일 뿐이었다. 스스로를 그 고통 속으로 더욱 밀어넣었다. 하루에 두 번씩 아침저녁으로 수영을 다녔다. 고통 속에서 각성이 싹텄다. 어떤 생각으로 살아가야 하는 것인지.

더 이상은 조급해하지 않기로 했다. 결국엔 모든 게 다 지나가버릴 테니까. 너무나 힘든 지금 이 순간도, 나중에 돌이켜보면 아름다운 추억일 수 있는 것이다. 미영은 그렇게 강해졌다. 살이 빠져 예전보다 날씬해진 것은 순전히 덤이었다. 나이 들어가며 외모보다 중요한 건 품격이었다. 진정한 자존감의 원천. 그러면서도 적당하게 빈틈을 드러내어 사람들을 편안하게 해주는 인간미.

"그런데 말이야, 알렉스. 짝사랑하는 여자가 있다며?"

“아…… 그건…….”

“그때 뮤지컬도 정인이랑 같이 잘 봤다고 해서 난 그런 줄만 알았지. 미리 말하지 그랬어? 괜히 신경 쓰다가 쓸데없이…….”

어색한 침묵이 흘렀다. 미영은 출구의 특설매대에서 작품집을 한 권 골라 넘겨보았다. 전시된 작품들에 비해 프린트 상태가 엉성하기 짝이 없었다.

“그 멤버들, 화해할까요?”

미영은 고개를 저었다.

“모르지. 사람 간의 관계라는 게 서로 끌어당기고 때로는 밀어내는 힘의 균형이니까. 한쪽만 노력한다고 될 일도 아니야.”

갤러리에서 나오며 미영은 내년의 목표를 자랑스레 늘어놓았다.

“합병을 하고 경영이 안정되면 후배한테 회사를 잠깐 맡겨놓고 4월이나 5월쯤 산티아고 순례를 해볼까 해. 마흔맞이 기념으로 말이지. 800km의 산티아고 순례를 마친 사람들은 그 코스를 행복한 종합병원이라고 부른다잖아? 나도 한 달 조금 넘게 걸으면서 정신의 찌꺼기를 털어내고 오려고.”

미영의 회사 앞에 이르렀다.

“근데 알렉스, 짝사랑 말이야.”

알렉스가 고요한 눈으로 그녀를 내려다보았다.

“상대한테 얘기하는 게 낫지 않을까? 짝사랑하는 사람들 대부분이 말로 전하면 가벼워 보이지 않을까, 별것 아닌 게 되어버리지나 않을까 불안해하는데……. 역시 말하지 않으면 마음이 전해지지 않는 거잖아.”

알렉스가 침을 꿀꺽 삼키고는 말했다.

“저…… 얘기할 게 있는데요. 저도 그 산티아…….”

미영의 전화벨이 울렸다.

전화를 받은 그녀의 표정이 크게 변했다.

“수정이가 병원에 있대.”

마음은 언제나 황량한 들판

　　　　　　　동해 바다가 넓게 펼쳐져 있다. 서서히 오가는 배 몇 척 외에는 텅 빈, 그러나 편하지만은 않은 바다다.

자세히 보면 불규칙하게 일렁이는 파도를 발견할 수 있다. 서해가 세상의 다양함을 골고루 받아들인 탁한 색인 노년의 모습이라면, 남해는 짙푸르며 비교적 잔잔한 파도의 중년을 닮은 것 같다. 이에 비해 동해는 넓게 펼쳐진 가능성, 그러나 때로는 격렬한 파도를 일으키는 청년기에 비유할 수 있다.

수정은 산등성이의 힐링센터 정원에서 동해 바다를 바라보고 있다. 바다를 보며 아무것도 하지 않는 시간을 좋아하게 되었다. 이런 시간이 얼마나 소중한지, 전에는 알지 못했다.

병원 주치의 선생님의 소개로 동해의 힐링센터에 왔다. 열흘을 지냈다. 아무것도 하지 않는 시간 속에서 낯선 생각들과 만났다. 생각이 몰고 왔던 예전의 생각들과는 달리, 이번에는 그녀 스스로가 맞아들인 생각들이었다. 미안했던 일이나 부끄러웠던 일들.

병원에서 수정이 눈을 떴을 때, 엄마가 손을 잡고 있었다. 엄마가 울면서 뭐라고 하는 걸 한참이 지나서야 알아들을 수 있었다. 똑같은 말의 반복이었다.

"미안하다. 미안해."

수정은 초점이 없는 눈으로 말없이 누워 있었다. 겨울 햇살이 느릿느릿 다가오는 아침에야 비로소 엄마를 보면서 말했다.

"이제는 엄마를 조금은 이해할 수 있을 것 같아."

한없이 기다리고, 그런 기대를 배신당하고, 결국에는 헛된 기대임을 알면서도 다시 기다리는 한심한 여자. 그런데 한심한 엄마의 육감이 한심한 딸의 목숨을 살렸다.

그날, 엄마는 이상할 정도로 예민해져서 외삼촌과 옛날 일을 가지고 크게 다투었다. 외숙모의 만류를 무릅쓰고 밤늦게 그 집을 나와버렸다. 지하철역으로 걸어가다가 뭐가 마음에 걸렸는지, 수정에게 전화를 걸었다. 전화기가 꺼져 있다는 음성 안내가 나왔다.

이상한 일은 아니었다. 글이 안 써진다거나 유난을 떨 때면 전화기를 꺼놓곤 하던 딸이었다. 그런데 그날만은 달랐다. 심장박동이 빨라지며 불안해졌다. 무슨 일이 생긴 것만 같았다. 그런 불안감이 엄마로 하여금 십 수 년 이상 타본 적이 없는 택시를 잡게 했다.

효선이 계좌번호를 좀처럼 보내주지 않는 수정에게 참다못해 전화를 걸었다가 엄마와 통화가 되는 바람에, 수정이 병원에 있다는 사실이

친구들에게 알려졌다. 아이들과 미영 언니, 알렉스까지 다녀갔다. 민재
는 얼마나 울었는지 눈이 퉁퉁 부었다.

수정은 어쩔 수 없는 겁쟁이였다. 사람들에게 상처를 받을까 봐 거
절을 당할까 봐 두려워서 가까이 가지 못했고, 다가오는 사람에겐 가
시로 위협했다. 멀찍이 떨어져 있으면 상처받을 일이 없다고, 스스로도
인식하지 못하는 사이 굳은 신념을 갖게 되었다.

그러나 약을 먹고 누웠을 때 다가왔던 지독하게 현실적인 어둠과 마
주해본 뒤로는 다른 생각을 갖게 되었다. 세상 그 어떤 불행이나 절망
도 죽음보다는 나쁘지 않다고.

수정은 손이 조금 시렸지만 개의치 않고 멋진 풍광을 사진에 담았
다. 사진도 그렇다. 수정은 '그냥 찍는 게 좋다'고 했지만 '그냥' 속에는
즐거웠던 추억이나 행복했던 순간의 경험이, 인화된 사진의 고운 입자
처럼 아로새겨져 있기 마련이다. 그런 느낌을 되살려보기 위해, 혹은
다시 누려보기 위해 '그냥' 자꾸 해보는 것이다.

수정의 경우 세 살, 혹은 네 살 때 장난감 카메라를 가지고 놀았던
기억을 어렴풋하게 가지고 있다. 그 카메라가 향하는 곳에 엄마, 그리
고 또 한 사람이 있었다. 아버지라는 사람을 그토록 증오했으면서도,
비슷한 외모의 형식 선배에게 끌리는 스스로를 어찌 할 수 없었다. 의
식의 한쪽에선 그걸 눈치 챘기 때문에 그토록 형식 선배의 말 한마디에
연연하고 불안해했는지도 모른다. 이용당하고 버림받을 것을 감지했기
때문에.

수정이 절망의 한가운데에서 느꼈던 것은, 스스로 절망에 의미를 부

수정은 무슨 일이든 혼자서 극복하지 않으면 소용이 없다고 생각하는 쪽이었다. 하지만 이제는 자존심을 내려놓을 줄도 알아야 한다는 것을 배웠다.

사람은 누구나 제각각 문제를 안은 채 살아가게 되어 있다. 친구들이 수정과 다른 점은, 이따금 그런 것을 테이블 위에 올려놓고 함께 헤집어가며 해결책을 궁리한다는 부분이었다. 친구든 가족이든 간에 도움을 주고받으며 혼자가 아니라는 확인으로 위안을 얻는다. 민재의 경우 속이 너무 드러나기도 하지만, 한편으로는 그렇기 때문에 더 홀가분하게 살아갈 수 있는 것인지도 모른다.

대부분의 사람은 '남들이 나를 어떻게 볼까?'를 걱정하지만, 지나칠 정도로 그것에 연연해하지는 않는다. 도를 넘을 경우 그것은 수치심이 되며, 수치심이 그 생각의 주인에게 저주를 건다.

그 결과, 이 세상에서 가장 외로운 마녀가 탄생한다. 마녀는 친한 친구들 무리 속에 있어도 마음속은 혼자 황량한 들판이다. 수정은 이제 그런 들판에서 벗어나야겠다고 마음먹었다.

수정은 다이어리의 '스물아홉 버킷리스트' 부분을 찢어내어 조각을 냈다. 이제는 이런 게 필요 없을 것 같았다.

나를 보석처럼 빛나게 해주는 아이템

엄마가 토요일 낮에 남편이 있는 걸 알면서도 전화를 걸어왔다. 무리해서 해외여행을 다녀오는 바람에 문제가 터졌다고 했다.

"얘, 어쩌면 좋으니? 카드 쓴 게 많이 나와서 큰일났어. 어떻게, 이번 한 번만 더 도와주면 안 될까?"

효선은 엄마의 생각을 짐작하기 어려웠다. 엄마는 분명 효선이 시어머니와 남편 몰래 이런저런 방법으로 돈을 마련해준다는 사실을 눈치채고 있었다. 그런데 토요일에 대놓고 전화를 걸어오는 건 무슨 생각일까. 사위한테 체면이 상하더라도 감수하겠다는 것인지, 아니면 딸이 자기 남편 앞에서 입장이 난처해져도 무방하다는 것인지 알 수 없었다. 그런데 남편이 뒤에서 휴대폰을 빼앗았다. 남편은 정중하게 통화를 했다. 그의 말은 짧았다.

“아, 예…… 그렇군요…… 그건 안 됩니다…… 죄송합니다…….”

마지막으로 이렇게 말했다.

“통장하고 도장을 돌려받았습니다. 신용카드도요. 이젠 집사람한테 경제적 능력이 없습니다. 그렇게 말씀하셔도 소용이 없습니다.”

남편이 말을 마치기 무섭게 엄마는 전화를 끊어버렸다. 효선은 쥐구멍이라도 찾는 심정이 어떤 것인지 알 것 같았다. 수치심에 얼굴이 뜨겁게 달아올랐다. 남편도 무안했는지 리모컨을 눌러 정지시켜놓았던 영화를 다시 보기 시작했다.

어색했던 분위기는 저녁 때 와인을 한 병 딴 이후에야 풀렸다. 술이 오른 효선이 남편에게 힐난조로 물었다.

“어떻게 우리 엄마한테 그렇게 말할 수가 있지? 연습이라도 한 것 같았어. 혹시 예전부터 다 알고 있었으면서 모른 척했던 것 아니야?”

남편이 콧등을 긁으며 말했다.

“그건 미안해. 충격을 받으셨겠지만 지금으로선 그게 나을 것 같아.”

그는 와인을 한 모금 마시고 뜸을 들였다.

“알기는 뭘 알아. 몰랐지. 그냥 걱정이 있나 보다 했어. 남자란 둔해서 말 안 해주면 모르는 종족이거든.”

효선도 핑계로 각색된 ‘가족 신화’에서 벗어나고 싶지 않았다. 세상 모든 가족이 문제투성이일지라도 자기 가족만은 신뢰와 애정을 흔들림 없이 지켜내는 중이라는 믿음을 고수하고 싶었다. 하지만 중국 음식점에서 엄마의 말이 그 신화의 거울에 돌을 던지고 말았다.

‘그럼 애라도 낳았어야지! 양육비라도 받을 수 있게! 그러니까 효선이 너도 쓸데없이 돌아만 다니지 말고 애부터 낳으란 말이야!’

거울에 금이 갔다. 이제 신화는 무너지는 중이다. 엄마니까 당연히 사랑하고 존중해야 하는 것도 맞다. 그러나 엄마도 엄마이기 전에 여자이고 사람이다. 스스로도 끝없이 흔들리는 불완전한 사람.

효선은 긍정적으로 받아들이기로 했다. 엄마가 다르게 보인다면, 그건 어른이 되어가는 신호라고. 10대 시절의 반항이 엄마로부터 벗어나려는 몸부림이었다면, 20대 마지막의 갈등은 정신의 탯줄마저 끊어내고 어른으로 우뚝 서는 독립의 과정이 아닌가 생각이 들었다.

그럼에도 엄마가 궁금한 건 어쩔 수 없었다. 이틀 밤을 자는 둥 마는 둥 지새고 월요일 오전 내내 갈등하다가 결국 오후가 되어 자동차의 시동을 걸었다. 번호키를 누르고 들어간 친정집에는 아무도 없었다. 효선은 청소를 해놓을까 하는 마음에 안방 문을 열어보았다. 그리고 거기서 엄마를 발견했다.

엄마는 이불을 걷어찬 채 엎드려 자고 있었다. 보일러를 얼마나 세게 틀어놓았는지 안방이 후끈후끈했다. 효선은 이불을 끌어당겨 덮어주려다 엄마 발꿈치의 갈라진 각질을 발견했다. 몸매와 피부관리를 금과옥조로 여겨온 엄마였다. 효선의 결혼식 때도 피부관리며 마사지를 신부보다 더 많이 받을 정도였다. 그랬던 엄마의 갈라진 발꿈치.

효선은 코끝이 찡해져 서둘러 밖으로 나왔다. 발걸음이 상가의 약국으로 향했다. 효선은 연고를 구입해 아빠가 매일 아침 열어보는 우유 배달 주머니에 넣어두었다.

〈인형의 집〉에서 노라는 가족을 위해 희생적인 사랑을 불사른다. 혼자만 참으면 된다고 믿었다. 그게 가족을 위한 것이라고 생각했다. 하지만 결과적으로 노라는 그저 인형, 수단에 그치고 말았다. 효선은 그런 희생적 사랑은 하지 않겠다고 마음먹었다. 그런 사랑은 한쪽의 과중한 무게로 균형을 잡지 못해 무너지거나 부러지기 십상이다. 사랑이 비극으로 치닫고 나면 둘 중 하나다. 자책을 하거나 상대를 탓하거나. 그래서 사랑은 늘 공동책임이어야 한다. 내가 해야 할 것을 기꺼이 하며 상대에게도 정당한 사랑의 실천을 요구해야만 하는 것이다.

"서로에게 시간이 필요할 것 같아."

남편이 와인을 마시며 했던 말이었다. 그의 말대로 엄마와의 사랑과 믿음을 회복하기 위해선 틈을 더 두어야겠다는 생각이 들었다. 상처가 숨을 쉴 수 있도록, 그래서 서로를 조금 더 편안하게 바라볼 수 있을 때까지. 때로는 그게 현명한 사랑일 수 있는 것이다.

무거운 마음으로 집에 돌아와 커피를 한잔 만들어 천천히 마셨다. 그런데 어쩐지 분위기가 낯설었다. 누군가가 집안에 숨어 있는 것 같은 느낌이었다. 불안감이 엄습해왔다.

"자기야? 자기 왔어?"

아무 소리도 들리지 않았다. 그녀는 잔을 내려놓고 일어섰다. 그의 서재. 수상한 기미는 없었다. 예비 아기방. 비어 있었다. 그리고 안방. 아침 그대로였다. 안방을 지나 옷방. 두근대던 가슴이 가라앉았다. 역시 아무도 없었다. 괜한 두려움이었나?

옷방에서 나오려다가 그것들을 발견했다. 가방이 빽빽하게, 그러나 엉성하게 쌓여 있었다. 그녀가 갖고 있던, 그러나 어쩔 수 없이 처분했던 바로 그 가방들이었다.

"어머나!"

그녀는 기겁하며 주저앉았다. 망연자실 그것들을 바라보다가 짚이는 게 있어 벌떡 일어났다. 보석함. 거기에도 한동안 만나지 못했던 것들이 아무렇게나, 한마디로 우악스럽게 놓여 있었다. 누구의 솜씨인지 뻔했다. 그녀가 없는 사이, 집에 다녀간 남편에게 전화를 걸었다.

"자기가 내놓은 걸 그대로 사 모았어. 이미 팔려서 어쩔 수 없는 건 신품으로 샀고. 근데 몇 가지는 재고가 없어서 주문해놓았으니까 아마 한두 달 이내에 구할 수 있을 거야. 우리 엄마 눈썰미 예리하거든. 그러니까 안 걸리려면 확실하게 해야 돼."

허탈하고 어이가 없어서 웃음이 나왔다. 남편은 물건들을 모으느라 한 달 동안 금고까지 빌렸다고 했다.

"무슨 능력으로? 자기 돈 없다고 했잖아. 전에 어디 갔을 때 내가 물어봤더니……."

남편이 바로 풀어주었다.

"돈은 없지. 아버지가 돌아가시기 전에 엄마 몰래 골동품 몇 가지를 물려주셨거든. 그걸 팔았어. 이젠 진짜 빈털터리야. 나 회사에서 잘리면 자기가 일해서 나 먹여 살려야 해."

"자기 엄마한테서 날 지켜주려고 이 비싼 것들을 사서 나른 거야?"

남편이 솔직하게 시인했다.

"뭐…… 그렇지. 하지만 그보다 중요한 건 그게 원래는 자기 것들이었으니까, 자기가 아끼던 걸 원위치시켜놓고 싶다는 생각도 있어서……. 일찍 퇴근할 때마다 발품을 좀 팔았지."

남편은 착할 뿐 아니라 현명한 사람이었다. 또한 사랑스러운 남자였다. 효선은 보석함 속에 들어 있는 반짝이는 것들을 보면서 편안한 마음으로 미소를 지었다. 이제 이런 것들은 아무래도 좋을 것 같다. 가방이고 보석이고 아무리 꾸며봐야 한계가 있다. 여자를 진정으로 아름답게 만들어주는 건 이런 아이템이 아니다.

제1의 아이템은 따로 있다. 그것은 눈에 확연하게 드러나지 않는데도 다른 여자들이 먼저 느낀다. 그건 바로 가슴속에 꽉 찬 자부심이다. 자부심은 세계에서 가장 큰 다이아몬드보다 여자를 아름답게 꾸며준다. 자부심만으로도 여자는 달처럼 귀하게 빛날 수 있다.

깊이 사랑받고 있다는 자부심.

진정한 나를 찾아가는 여행

눈이 내리려고 눈송이 몇 개를 먼저 날려 아랫동네 사정을 파악해볼 의향이었던 것 같다. 그러나 뒤숭숭한 이 동네가 마음에 들지 않았는지 꾸물꾸물한 날씨로 분위기만 잡다가 그만두고 말았다.

정인은 작가와의 미팅이 길어지는 바람에 밤 9시가 다 되어 회사로 돌아왔다. 월요일 아침에 출근하자마자 회의를 하려면 보고서를 미리 준비해놓아야 했다. 주말의 귀한 시간을 보고서처럼 따분한 일에 할애하고 싶지는 않았다. 모두 퇴근했을 거라는 정인의 예상과는 달리, 3팀 사무실에는 불이 환하게 켜져 있었다. 장마녀가 정인을 기다리고 있었다.

"커피 한 잔 할래?"

회의 테이블에 커피 잔을 놓고 마주 앉았다. 장마녀는 조그만 접시에 쿠키를 담아 정인 앞에 놓아주었다. 정인은 불안해졌다.

구조조정 얘기인가?

"나, 독립해서 내 회사 만들기로 했어. 내년 1월 중반까지 출근하면서 인수인계는 할 테지만."

그만두는 건 장마녀였다. 작년에 독립하려고 했는데 사장이 극구 만류하는 바람에 1년을 더 있었다는 거였다.

그러면 3팀은 어떻게 되는 거지?

"그래서 당신 데려다 오리엔테이션 한 거 아냐. 아직 어린 나이니까 편집장 대행을 맡기기로 했어. 한번 해봐. 당신이 실무는 좀 해봤다지만 책임을 지는 건 또 다른 일이니까."

당황한 정인이 "자신이 없다"고 하자 "처음부터 잘하는 사람이 어딨어? 깨지고 박살나면서 점점 나아지는 거지"라는 대답이 돌아왔다. 장마녀는 이런저런 얘기를 하다가 먼저 일어나면서 이런 말을 남겼다.

"당신, 소설가보다는 편집자가 더 맞을지도 모르겠어. 남의 글 보는 안목은 꽤 괜찮거든. 작가가 더 잘 쓸 수 있도록 역할을 잘할 것 같아. 물론 나중에는 좋은 작가가 될 수도 있겠지. 그러려면 스스로한테 더 솔직해져 봐, 여자들이 밤낮 블로그 대문에 써놓는 '진정한 나를 찾아서', 그런 엉터리 마법 같은 눈속임 말고."

커피를 한 잔 더 만들어 컴퓨터 앞에 앉아, 보고서의 빈칸을 채워나가기 시작했다. 생각나지 않는 부분은 수첩의 메모를 보면서 포인트를 잡았다. 그런데 장마녀의 이야기 중에 한 대목이 머릿속을 둥둥 떠다녔다. 등에서 손이 닿지 않는 곳이 가려울 때처럼 신경이 쓰여 견딜 수 없었다. 소설가보다 편집자가 어울린다는 부분은 그다지 기분 나쁘지 않왔다. 정인을 끌어당기는 대목은 다른 쪽이었다. 무슨 의미일까. '진정한 나를 찾아서' 같은 엉터리 마법 눈속임이라니. 진정한 나를 찾는 게 왜 엉터리 마법이라는 것인지. 그 생각만 하다가 결국 보고서를 마무리 짓지 못했다. 빈칸만 얼추 채워넣고 컴퓨터를 껐다. 주말에 다시 정리하는 수밖에 없었다.

오피스텔에 도착해 뜨거운 물로 샤워를 하다가 돌연 생각의 마개가 열렸다. 우리 여자들이 블로그나 SNS에 자주 쓰는 표현 '진정한 나를 찾아서.' 정인 역시 그런 표현을 마음상태 글로 올려놓은 적이 있다.

많은 여자들이 '진정한 나'를 찾겠다는 결심을 기분전환용 마법으로 사용한다. 그런 결심을 재차 다짐하면서 마음에 불을 지피고 온기를 훈훈하게 누릴 수 있다. 그러나 마법은 현실에 부딪히는 순간, 즉 누군가의 성공 소식을 듣거나 달라져 나타난 친구를 만나면, 어이없이 풀려버리고 만다. 그래서 눈속임이라는 것일 게다.

그것은 나의 꿈을 찾겠다는 의지의 표현일 수도 있지만, 동시에 지금의 나는 진정한 내가 아니라는 현실부정이다. 하지만 미래의 꿈은, 지금이라는 뿌리와 줄기에서 자란다.

어디 있는지도 모를 '진정한 나' 때문에 괄시를 당하는 게 '지금의 나'다. 사랑하는 사람에게는 '지금의 나를 있는 대로 받아들여 줘' 하고 바라면서, 스스로는 기준을 높여 잡고 '왜 이것밖에 안 되느냐'며 자신을 몰아세우고 구박하기 일쑤다.

정인 또한 그런 범주에서 크게 벗어나지 못했다. 지금의 나를 진정한 나로 바꾸는 데 번번이 실패했고, 그 책임을 당시에 읽었던 자기계발서로 돌렸다. 품었던 기대에 대한 실망을 미움으로 바꿔 끼우는 건 그리 어렵지 않은 일이다.

토요일 아침 일찍 엄마한테 전화가 왔다. 들러서 저녁 먹고 반찬을 가져가라는 얘기였다. 엄마는 조금 들떠 있었다. 언니 때문일 것이다. 언니는 얼마 전 형부와의 냉각기를 선언하고 친정에 와 있다. 엄마는 걱정을 하면서도 언니와의 생활이 은근 즐거운 모양이었다.

엄마를 화자로 쓴 단편소설은 초고 상태에서 여전히 벗어나지 못하고 있다. 아직은 자신이 없다. 엄마를 이해하기 위해선 더 많은 경험이 필요할 것 같다. 결혼을 하고 아이를 낳아 길러본 후에야 엄마의 세계를 알 수 있을지도 모른다.

정인은 지하철역 두 개를 지나친 뒤에 내렸다. 충동적으로 든 생각이었지만 중학교에 들러보고 싶었다. MJ클럽 멤버 중에서 민재를 제외하고는 같은 반이었던 애가 없다. 그때는 친하게 지내던 친구들이 따로 있었다.

교문은 약간 열려 있었고 수위실에는 아무도 없었다. 정인은 슬그머니 교정으로 들어서 텅 빈 휴일의 운동장을 가로질렀다. 친구들 몇몇이 생각났다. 지금 돌이켜보면 즐거운 시절이었지만, 내내 좋았던 것만은 아니다. 상처를 주고받았다. 좋아하는 연예인이 다르다는 이유로 혼자가 되었던 적도 있다. 그때는 죽을 만큼 괴로웠다. 그런데 지나고 보니까 그때가 그립기도 하다.

안녕. 친구들아. 다들 어딘가에서 잘들 지내고 있지?

진정한 나는 사실, 일상 속에 있다. 우리는 쉽게 그런 나를 만날 수 있다. 걸핏하면 지각을 하는 나, 기획안을 잘 쓰다가도 사소한 실수를 저지르는 나, 맛있는 것을 앞에 놓으면 식성을 주체하지 못하는 나, 그런 다음에는 후회하고 자책하는 나, 사람들의 사소한 말과 행동에 상처를 받는 나, 그런 나를 인정하기 싫은 나, 그렇기 때문에 더욱 사랑스럽기도 한 나.

나란 곧, 완성이 요원한 미완의 작품이다. 끝없이 추구하고 바뀌어야 할 게 바로 나다. 따라서 '진정한 나'는 있을 수 없는 개념이다. 나는 한시도 제 자리에 머물지 않을 테니까.

휴대폰이 신호음을 냈다. 효선의 메시지였다.

수정이 아직 건강이 회복되지 않았을 텐데, 이번 여행 괜찮을까?

효선으로선 수정의 건강도 걱정될 테지만, 같이 여행 가는 게 껄끄러울 수도 있겠다. 효선이 아무리 착한 애라지만 '성형괴물'이라는 모욕까지 당했으니 웬만하면 수정을 마주치고 싶지 않을 것이다. 정인은 이렇게 입력했다.

괜찮을 거야. 어쨌거나 마지막 여행이잖아. 우리 모임에 이런 추억 하나는 남겨놔야지.

동해안에 있는 수정이 서른맞이 여행을 다시 추진하자고 SNS로 제안을 했다. 여러 가지 의견이 오가다가 수정의 고집이 결국 이겼다. 효선이 바통을 이어받아 번개같이 예약을 마쳤다. 여행을 다녀오는 것으로 MJ클럽을 해산하기로 했다. 나중에 다시 모이게 되더라도 예전같은 분위기는 기대하기 어려울 것 같다.

＊

후문 쪽 담과 담 사이 모퉁이에 그게 아직도 있었다. 약간의 틈. 정인이 다니던 시절에는 '개구멍'이라고 불렀다. 할머니 분식으로 통하는 직행 코스. 다가가서 보니까 그때와는 모양이 조금 달랐다. 정인이 졸업한 뒤로 학교와 아이들 간에 막고 뚫기의 공방전이 끊임없이 벌어진 흔적이 역력했다. 정인은 그 틈 사이로 왼쪽 어깨를 밀어넣어 보았다. 여유가 있었다. 가슴에서 조금 걸렸지만 이 정도면 괜찮은 듯. 몸매 관리를 잘한 셈인가?

"어이! 이봐! 거기 뭐야?"

오른손에 든 가방을 당기려는데 건물 쪽에서 수위 아저씨가 뛰어오는 게 보였다. 정인은 두 손으로 가방을 납작하게 만들어 빼내는 데 성공했다. 그러고는 냅다 줄달음질. 이히힛. 웃음이 절로 나왔다.

오후 4시 무렵의 분식점에는 손님이 없었다.

"떡볶이 1인분만 주세요."

세월을 조금도 타지 않은 것 같은 할머니가 주방에서 떡볶이를 만들고, 분식집의 세월을 혼자 다 겪었는지 할머니의 동생처럼 변한 할머니 딸이 단무지와 앞접시를 갖다주었다. 사방의 벽은 여전히 아이들의 낙서로 도배되어 있었다. 낙서 하나가 눈에 들어왔다. 내용이 꽤 심오했다. 어디선가 들어본 것 같기도 했다. 유명인의 말을 변형시킨 것일 세다. 그래도 정인은 가방에서 수첩을 꺼내어 메모를 했다.

당신의 인생이 만족스럽지 않다면, 당신 내면의 사막으로 충분히 걸어들어가지 않은 것이다.

그럴 듯했다. 떡볶이를 먹으면서 벽을 빈틈없이 채운 낙서를 하나하나 살펴보았다. 그러다가 구석에서 오래 묵은 낙서를 발견했다.

백마녀처럼 서른이 되느니 차라리 자살하겠다

민재가 써놓은 것인지는 알 수 없지만, 어쨌든 10년 이상의 나이를 먹은 낙서일 것이다. 정인은 그것을 물끄러미 바라보다가 유성펜을 꺼내어 그 옆에 썼다.

별일 없이 곧 서른이지만 잘 살고 있다.

스물아홉, 그 틈에 빛이 있었네

공자는 자신의 삶을 되돌아보며 서른에 이립(而立)했다고 말했다. '스스로 섰다'는 얘기다. 그러나 휴양지 발리에서 서른을 하루 앞둔 그녀들은 스스로 설 수 없었다. 술에 취해 몸을 제대로 가누지 못했다. 휘청대다가 넘어지고 서로의 그런 모습을 손가락질하면서 깔깔 웃었다. 아지 오후 8시도 안 된 시간이었다.

정인은 머리 하나는 더 큰 민재를 부축하느라 죽을 맛이었다. 민재는 팔꿈치가 살짝 까져 피가 나는데도 알아채지 못하는 것 같았다. 주저앉은 걸 일으켜 세우면 엎어지고, 몇 걸음 걷고는 주저앉기를 반복했다. 그러면서도 좋다고 연신 히히덕거렸다.

정신이 멀쩡한 건 정인뿐이었다. 서로 불편해하던 효선과 수정은 누가 누구한테 의지하는 건지 알 수 없을 정도로 엉켜 있었다. 그녀들이 묵고 있는 빌라는 레스토랑에서 엎어지면 코 닿을 거리였다. 그런 거리를 움직이는 데 마치 하루가 꼬박 걸리는 느낌이었다.

민재의 공항 지각을 비행 스케줄이 만회했다. 출발이 연기되는 바람에 오히려 여유 있게 탑승할 수 있었다. 밤늦게 발리 공항에 도착했고, 예고 없이 후끈 닥쳐온 열기에도 친구들 모두 말을 아꼈다. 크게 다투고 난 뒤의 감정적 여운이 가시지 않은 상태였다. 입국수속을 기다리며 휴대폰을 켜자 미영 언니한테서 메시지가 들어와 있었다.

거기선 싸우지 마라. 한국 여자, 니들 같은 줄 오해할라.

오늘 오전에는 드라마 〈발리에서 생긴 일〉 촬영지라는 울루와뚜 절벽 사원에서 시원한 바람을 맞았다. 절벽과 그 밑에 부서지는 바다의 하얀 포말, 선글라스며 물병을 약탈해가는 원숭이 무리를 차분하게 구경했다. 돌아오는 길에는 우붓이라는 예술촌에 들러 전통예술을 돌아봤다.

빌라의 레스토랑에서 일찌감치 저녁을 먹기로 한 게 만취소동의 출발이었다. 오후 5시부터 칵테일과 하우스와인, 맥주가 무제한이라는 말에 '아락오바마'라는 전통술 칵테일을 한 잔씩 마시다가 술잔치가 시작됐다. 시원한 맥주를 마음껏 들이켰다. 취해서 농담을 하고 깔깔거리다 보니까 분위기가 차츰 바뀌었다. 바위처럼 커졌던 불신의 틈을 서로가 물처럼 넘나들면서 어느새 어루만져주고 있었다.

틈은 일종의 어리석음이기도 하다. 어리석음을 인정하고, 가까운 이에게 그 틈을 허용하기 때문에 그가 나에게 스며들 수 있는 것이다. 사랑이든 우정이든, 먼저 틈을 보여주는 어리석음으로 시작된다. 서로를 믿고 의지하며 살아가는 것도 일종의 어리석음이다. 그러니, 만약 외롭다면 스스로를 돌아볼 필요가 있다. 틈을 허용하지 않고 자꾸 메꾸려고 빌라로 들어와서는 그대로 쓰러져서 잠이 들었다. 정인이 가장 먼저 깨어나 샤워를 하고 주문해두었던 케이크와 샴페인을 받아왔다. 이미 한밤중이었다. 새해맞이 준비를 해야 했다. 민재는 빌라에 딸린 풀에 들어가 물장난을 치면서 정신을 차렸다. 효선이 과일과 그릇을 식탁 위에 차리는 사이, 수정이 풍선을 불다가 정인에게 뜬금없이 말했다.

"난 허락할게. 내 얘기는 소설로 써도 돼. 있는 그대로 써줘."

수정의 사진이 들어간 심리치유 자기계발서는 내년 2월에 출간될 예정이다. 판권에 '사진 윤수정'과 '편집장 최정인'이 함께 자리잡게 된다. 중학교 때는 서로 모르는 사이였다가, 스물한 살 국토대장정에서 만나 친해졌고 모임을 만들어 어울려왔지만, 이렇게 일에서까지 결부되는 인연으로 이어질 줄은 몰랐다. 민재가 수건으로 머리를 말리면서 동의했다.

"우리 모두가 주인공이면 좋겠어. 분량도 4분의 1씩 맞추고. 올 한 해 동안 우리한테 일어났던 일들을 써보는 거야. 어때? 괜찮지?"

정인이 효선을 힐끔 보고는 고개를 끄덕였다. 효선도 반대하는 것 같지 않았다. 케이크에 불을 붙이고 수정의 생일 겸 20대 송별 파티를 시작했다. 수정은 스물아홉 생일을 병원에서 죽으로 때웠다. 그 생일을 발리에서 다시 치르는 셈이다. 수정이 촛불을 불어 끄고 말했다.

"우리, 내년에도 이 모임 그냥 하지 않을래?"

모두 동의했다. 민재가 샴페인을 땄다. 케이크를 자르려는데 정인의 휴대폰이 신호음을 냈다. 알렉스의 메시지였다. 새해를 잘 맞이하고 오라면서 동영상 링크를 붙여놓았다. 휴대폰을 가로로 세워놓고 동영상을 재생했다. 외국 어떤 기업의 이미지 광고 같았다.

마라톤 대회.

선수들의 출발과 함께 박진감 넘치는 음악이 흘러나오며 자막이 깔렸다.

'되돌아올 수 없는 마라톤 코스. 모두가 선수다. 경쟁해가며 하나의 길을 달린다. 지쳐 멈추는 사람, 쓰러지는 사람, 포기하는 사람. 그러나 어쩔 수 없다. 보다 빠르게, 한 걸음이라도 더……. 저 앞에는 결승점이, 찬란한 미래가 있을 거라고 믿으며……. 그래서 인생은 마라톤이다.'

한 사람이 돌연 멈추고 뒤돌아 의문을 제기한다.

'하지만 정말 그럴까?'

그는 갑자기 질주해 마라톤 코스의 분리선을 넘어 인도로 뛰어들어간다.

'아니야. 인생은 마라톤이 아니야.'

다른 참가자들도 하나둘 분리선을 뛰어넘어 코스 밖으로 이탈한다. 어떤 남자는 뒤처져 따라오던 여자친구의 손을 붙잡고 함께 코스에서 벗어난다.

'누가 정한 코스인가? 누가 정한 결승점인가?'

마라토너들이 마침내 뿔뿔이 흩어져 달린다.

'어디를 달리든 어디를 향하든 좋다. 자기만의 길이 있다.'

마라톤 코스에서 벗어나 절벽 위에서 시원한 물로 뛰어드는 사람, 오토바이를 타고 어디론가 떠나는 사람, 침대로 들어가 잠에 빠져드는 사람, 비행기에서 스카이다이빙으로 뛰어내리는 사람…….

'우리가 아직 만나보지 못한 세상은 터무니없이 넓다. 그래, 발을 내딛는 거야. 끝까지 달려나가는 거야. 실패해도 좋아.'

마침내 혼자가 되어 초원을 달리는 사내.

그가 희열의 웃음을 터뜨린다.

정인은 흘러내리는 눈물을 닦을 생각도 하지 못한 채 동영상을 한 번 더 재생했다.

대한민국에서 태어난 이래 줄곧 경쟁의 좁은 틈바구니에 끼어 살아왔다. 내 행복을 위한다는 구실로, 남을 이기는 게 목표가 되었다. 하지만 이기는 즐거움은 잠시뿐이었다. 하나를 젖히면 그 앞에 또 다른 누군가가 있었다. 언제 끝날지 알 수 없는 반복. 우리는 앞선 누군가를 좇는 데에만 골몰할 뿐, 지금의 나를 돌아보는 여유를 이 세상에서 배워 본 적이 없다.

뻔히 알고 있었던, 그러나 깨닫지는 못했던 진실. 길은 하나가 아니다. 내 결승점은 내가 정하는 것이다. 좁은 틈을 넓히면 더 넓은 세상이 보인다. 인생은 마라톤일 수 있지만 마라톤이 결코 아니다. 결승점은 사람의 수만큼 있고, 모든 인생은 위대하다.

돌이켜보면, 스물아홉은 틈이었다. 그 불안의 틈에서 삶을 환하게 비춰주는 한줄기 빛을 만났다.

정인은 깔깔대는 소리에 눈물을 훔치며 고개를 돌렸다. 민재가 효선의 얼굴에 케이크 크림을 묻히고 도망가자, 수정이 민재를 붙잡아 멱살을 잡고는 크림 팩을 해주고 있었다.

서른이 되어도 바뀌는 건 없다. 정인은 기가 차서 웃음이 났다. 누구는 벅차 오르는 감동에 눈물을 흘리고 있는데. 수정이 민재를 바닥에 넘어뜨렸다. 효선도 가세했다. 셋이 구르면서 엉망이 되었다.

저렇게 장난을 치고 웃어대다가 싸우고 화해하고 울고 아끼고 사랑해주면서 더 흥미진진한 우정을 일궈갈 것이다. 새로 맞이한 서른의 역사를 써나갈 것이다. 언젠가 추억하면서 절로 웃음 짓게 만들.

내일은 해변에 갈 예정이다. 바닷가에서 멋진 수영복 차림으로 서른의 첫날을 시작할 것이다.

"야! 그만해! 12시 다 됐어. 신년 카운트……."

그 순간, 민재가 케이크 뭉치로 정인의 입을 틀어막았다.

국립중앙도서관 출판시도서목록(CIP)

스물아홉, 늦었다고 하기엔 미안한 / 지은이: 한설. — 고양
 : 위즈덤하우스, 2014
  p.;   cm

ISBN 978-89-5913-801-2 03810 : ₩14000

한국 현대 문학[韓國現代文學]

818-KDC5
895.785-DDC21   CIP2014017446

스물아홉,
늦었다고 하기엔
미안한

초판 1쇄 발행 2014년 6월 26일   초판 5쇄 발행 2014년 9월 3일

지은이 한설   펴낸이 연준혁
기획 박현찬   콘텐츠 김정홍

출판 6분사 분사장 이진영
편집장 정낙정
편집 박지수 최아영   디자인 조은덕
제작 이재승

펴낸곳 (주)위즈덤하우스   출판등록 2000년 5월 23일 제13-1071호
주소 (410-380) 경기도 고양시 일산동구 정발산로 43-20 센트럴프라자 6층
전화 (031)936-4000   팩스 (031)903-3895
홈페이지 www.wisdomhouse.co.kr   전자우편 wisdom6@wisdomhouse.co.kr
종이 월드페이퍼   인쇄·제본 (주)현문   후가공 이지앤비

ⓒ 한설, 2014
값 14,000원   ISBN 978-89-5913-801-2 03810